Lena Reuter | Manfred Reuter

111 Orte in Aurich, die man gesehen haben muss

Mit Fotografien von Nils Reuter

111

emons:

Bibliografische Information der Deutschen Nationalbibliothek
Die Deutsche Nationalbibliothek verzeichnet diese Publikation in der Deutschen Nationalbibliografie; detaillierte bibliografische Daten sind im Internet über http://dnb.d-nb.de abrufbar.

MIX
Papier aus verantwortungsvollen Quellen
FSC® C043106
FSC
www.fsc.org

Layout: Eva Kraskes, nach einem Konzept
von Lübbeke | Naumann | Thoben
Kartografie: altancicek.design, www.altancicek.de
Kartenbasisinformationen aus Openstreetmap,
© OpenStreetMap-Mitwirkende, ODbL
Druck und Bindung: Grafisches Centrum Cuno, Calbe
Printed in Germany 2020
ISBN 978-3-7408-0842-6
Originalausgabe

Vorwort

Wer mich kennt, wird sich wundern, dass ausgerechnet ich einen Reiseführer geschrieben habe. Denn ich habe so ziemlich den schlechtesten Orientierungssinn, den man sich vorstellen kann. Selbst beim dritten Besuch fahre ich mit Navi noch zielstrebig an einem Ort vorbei. Umso erstaunlicher, dass ich trotz meines offensichtlich fehlenden Raumsinns tatsächlich 111 Orte in Aurich gefunden habe.

Aber ich hatte ja Unterstützung. »111 Orte in Aurich, die man gesehen haben muss« ist ein echtes Familienprojekt. Zusammen mit meinem Vater und meinem Bruder habe ich fast zwei Jahre lang außergewöhnliche, schöne, skurrile, historische und coole Orte in Aurich gesucht und gefunden. Vielleicht auch Orte, die auf den ersten Blick unscheinbar sind, aber hinter denen eine ganz unerwartete Geschichte steckt. Besonders beeindruckt haben uns die Menschen, die hinter vielen Orten stehen. Da sind die engagierten Jungunternehmer mit innovativen Ideen, die Ehrenamtler, die Zeit und Energie in die Vereine stecken, Menschen, die soziale Projekte auf die Beine stellen, oder Künstler, die die Auricher Kulturlandschaft bunter machen. Sie alle machen Aurich erst lebenswert.

Ich habe – manchmal erschrocken – festgestellt, dass ich die meisten der Orte, geschweige denn deren Geschichte oder die Menschen im Hintergrund, eben nicht kannte. Und dabei hat Aurich weit mehr zu bieten als die klassischen Touristenattraktionen. Die heimliche Hauptstadt Ostfrieslands überrascht mit ganz vielen Orten, die man gesehen haben muss. Mindestens 111. In diesem Sinne, Augen auf! Wir hoffen, unser Buch ist Ihnen ein schöner Begleiter.

Nach 111 Umwegen, die man gefahren sein muss, danke ich nun allen, die uns bei unserem Familienprojekt mit Tipps und Informationen zur Seite standen. Und vor allem danke ich denjenigen, die mir dabei geholfen haben, immer wieder zurück an meinen Schreibtisch zu finden.

Lena Reuter

111 Orte

1 Die Ahrend-Brunzema-Orgel

Weltweit bekannte Orgelkunst in der Lambertikirche

Die evangelisch-lutherische Lambertikirche mitten in der Innenstadt verleiht Aurich mit dem Lambertiturm (siehe Ort 52) ein besonderes Wahrzeichen. Aber nicht nur wegen des frei stehenden Glockenturms ist das klassizistische Bauwerk, das Anfang des 19. Jahrhunderts erschaffen wurde, einen Besuch wert. Im Inneren der nach dem heiligen Lambert benannten Kirche befindet sich nämlich ein ganz besonderes Musikinstrument.

Die Orgel der Lambertikirche wurde 1961 in der Werkstatt von Jürgen Ahrend und Gerhard Brunzema erbaut. Fachleuten sind diese Namen durchaus ein Begriff. Die Orgelwerkstatt in Leer ist auf der ganzen Welt für die Restaurierung von Barockorgeln bekannt. Das Unternehmen, das Jürgen Ahrend 2005 an seinen Sohn weitergegeben hat, hat bereits Orgeln in England, in der Schweiz, in Skandinavien oder Italien neu erbaut oder restauriert. Sogar bis nach Australien und Japan haben es die Leeraner Instrumente schon geschafft.

Die Ahrend-Brunzema-Orgel hat 25 Register (Reihen von Pfeifen gleicher Klangfarbe), die mit Hilfe von zwei Manualen und Pedal bespielt werden. Das Prospekt der Orgel, das heißt, ihr äußeres Erscheinungsbild, wurde vom Auricher Baurat Dietrich Müller-Stüler entworfen. Es ist durch die offen stehenden Flügeltüren sowie durch die spiegelbildlich angeordneten, teilweise vergoldeten Pfeifen (Spiegelprinzipal) geprägt.

Die beiden Orgelbauer Ahrend und Brunzema wurden für ihr Werk, das in seiner technischen und klanglichen Konzeption dem künstlerisch-handwerklichen Niveau des klassischen Orgelbaus entspricht, mit dem Staatspreis Kunsthandwerk in Niedersachsen ausgezeichnet. Der hauptamtliche Kirchenmusiker und Kirchenkreiskantor Maxim Polijakowski und andere Organisten führen regelmäßig Orgelkonzerte auf.

Adresse Lambertshof 2, 26603 Aurich | **Anfahrt** wie alle anderen Orte in der Kernstadt ist die Lambertikirche leicht zu Fuß zu erreichen | **Öffnungszeiten** täglich 10–12 Uhr, Kontakt über das angrenzende Gemeindebüro | **Tipp** Das traditionsreiche Hotel Twardokus lädt direkt gegenüber in der Kirchstraße 2–4 zum Frühstücksbüfett und nachmittags zu Kaffee und Kuchen im Café und bei gutem Wetter im gemütlichen Innenhof ein.

2 Die Alte Post

Ostfriesenfrühstück auf den Spuren der Kleinbahn

Der Landgasthof Alte Post in Aurich-Ogenbargen ist mit seinen drei Häusern Alte Post, Alte Schmiede und dem Sporthotel Middelpunkt nicht nur einer der größten Hotelkomplexe Ostfrieslands, sondern blickt auch auf eine im wahrsten Sinne des Wortes bewegte Vergangenheit zurück. Denn wo heute Drei- und Vier-Sterne-Hotels mit mehr als 370 Betten stehen und in modernem Ambiente Urlaub und Wellness gemacht, Tagungen veranstaltet und Feste gefeiert werden, befand sich früher ein wichtiger Knotenpunkt des Post- und Bahnverkehrs.

Bereits 1848 gab es an der neu gebauten Straße von Aurich nach Wittmund einen Gasthof mit Poststelle und ab 1860 auch eine Pferdewechselstation. Denn hier verkehrten täglich Postkutschen zwischen Emden, Aurich und Sande, die Briefe und Personen beförderten.

Dann kam die Zeit der Kleinbahn. Der damalige Gastwirt Ubbo Gossel übernahm als Bahnagent die Haltestelle bei Kilometer 53,3, die genau gegenüber seinem Gasthof lag. Er kümmerte sich um die Fahrkartenausgabe und die Regelung des Güterverkehrs, außerdem stellte er sanitäre Anlagen und Warteräume zur Verfügung. Von Ogenbargen aus führte ein Bahngleis weiter nach Wittmund und eins nach Esens-Bensersiel. Eine Bahnschiene unter Plexiglas im Wellnessbereich der Alten Post erinnert noch heute an die Postkutschen- und Kleinbahnvergangenheit von Aurich-Ogenbargen.

Eine Besonderheit in der Alten Schmiede ist das Ostfriesenfrühstück. Im mittlerweile seit 1990 von Familie Janssen geführten Hotel wird bei diesem Event regelmäßig die kulinarische Vielfalt Ostfrieslands von »Karmelksbree« bis zu »Hüdel und Birnen« aufgetischt. Außerdem gibt es hausgemachte Wurst- und Fleischprodukte, regionalen Käse und von einer benachbarten Landwirtin selbst gebackenes Brot. Am besten jetzt schon einen Tisch für das Ostfriesenfrühstück reservieren. Die Plätze im Landgasthof Alte Post sind nach wie vor heiß begehrt!

Adresse Hotel Alte Post, Esenser Straße 299, 26607 Aurich-Ogenbargen, Tel. 04947/509790 | **Anfahrt** B210 (Esenser Straße) über Middels | **Tipp** In der Nachbarstadt Wittmund zeigt das Taktische Luftwaffengeschwader 71 »Richthofen« an der Isumser Straße 20 von April bis Oktober freitags ab 9.30 Uhr oder auf Anfrage seine militärgeschichtliche Sammlung.

3 Die Anplünneree

… einfach mal in eine andere Rolle schlüpfen

»Ich wollte unter der Voraussetzung eröffnen, dass ich 200 Kostüme anbieten kann. Es waren nur 198. Trotzdem habe ich die Anplünneree gegründet«, erzählt Anja Janssen. Eine gute Entscheidung, nicht auf zwei Verkleidungen zu warten. Denn seit mittlerweile zehn Jahren führt die Unternehmerin erfolgreich einen Kostümverleih in Plaggenburg. Heute umfasst ihre Kollektion ganze 1.400 Outfits! Die Auricherin war schon immer vom Thema Verkleiden begeistert und machte 2010 ihr Hobby zum Beruf, in den sie viel Zeit und Energie steckt. Neben den regulären Öffnungszeiten bietet sie ihren Kunden auch flexible Termine zur Beratung und Ausstattung an. Janssen näht die meisten ihrer Kostüme selbst, fertigt auf Wunsch individuelle Verkleidungen für ihre Kunden an und kümmert sich um Reparaturen und Reinigung.

Der Name Anplünneree stammt übrigens vom plattdeutschen Wort Plünn (Kleidungsstück), anplünnen bedeutet so viel wie umziehen – oder eben verkleiden.

Ihr Fundus im Kohlbuschweg beinhaltet Roben aus allen Themenbereichen, hier findet wirklich jeder die passende Verkleidung. Als ihre besonderen Schätze bezeichnet Anja Janssen die eher aufwendigen Stücke, die sie selbst genäht hat. Da gibt es zum Beispiel ihr Steampunk, ein Seelenfängerkostüm.

Die Anplünneree zieht nicht nur Besucher aus Aurich an, sondern zählt auch Verkleidungsfans aus Norden, Papenburg und von den ostfriesischen Inseln zu ihren Kunden. Einmal habe sie sogar einen Austauschschüler aus Brasilien mit einem Plaggeburger Kostüm ausgestattet, erzählt die Ladeninhaberin.

Und das Sortiment in der Anplünneree wächst ständig weiter: »Ich habe zu Hause einen Raum, in dem ich die ganzen Stoffe lagere, die ich brauche. Wenn es mich nämlich überkommt und ich eine Idee habe, habe ich alles sofort zur Hand!«, sagt Janssen mit einem Augenzwinkern.

Adresse Kohlbuschweg 4, 26607 Aurich-Plaggenburg | Anfahrt B210 (Esenser Straße), in Plaggenburg links in den Bontjesweg und von dort über die Jägerstraße in den Kohlbuschweg | Öffnungszeiten Mo, Do, Fr 16 – 20 Uhr und nach Vereinbarung unter Tel. 04941/6977355 | Tipp Die lutherische Andreaskirche von 1904 im Plaggenburger Ortskern, Esenser Straße 215, ist einen Besuch wert.

4 Athene und Bellona

Aurichs historische Torpfeiler

Auch wenn am heutigen Standort der Statuen, am westlichen Eingang der Fußgängerzone, einmal die Auricher Stadtgrenze verlief, waren Athene und Bellona nie Teil eines Stadttores. Vielmehr bildeten sie, als sie 1708 aufgestellt wurden, den Eingang des fürstlichen Lustgartens Julianenburg. Den hatte Graf Ulrich II. schon 1640 neben dem Auricher Schloss für seine Frau Juliane anlegen lassen.

Die historischen Torpfeiler tragen die steinernen Figuren zweier Kriegsgöttinnen. Auf dem linken Pfeiler steht Pallas Athene, eine Göttin aus der griechischen Mythologie. Sie gilt als Göttin des Kampfes und der Kriegstaktik, aber auch als Palast- und Schutzgöttin. Ihr gegenüber steht auf dem rechten Torpfeiler die römische Kriegsgöttin Bellona. Beide Frauen sind in Kriegsgewändern sowie mit Helm, Lanze und Schwert dargestellt.

In Auftrag gegeben hat die beiden Pfeiler samt Statuen der damals amtierende ostfriesische Fürst Christian Eberhard (1665–1708), der auch 1691 die Parkanlage Julianenburg nach dem Vorbild von Schloss Versailles umgestaltet hatte. Der Bildhauer Johann Mehne aus Bremen meißelte Athene und Bellona für 300 Reichstaler in Stein. Weil das aber mit drei Jahren wesentlich länger als geplant dauerte, erlebte der ostfriesische Fürst die Fertigstellung der Torpfeiler in seinem Todesjahr 1708 gar nicht mehr. Dennoch ist er auf ihnen für immer verewigt: Im Schild von Athene ist in barockverschnörkelter Schrift das fürstliche Monogramm von Christian Eberhard eingearbeitet. Bellonas Schild zeigt das gräfliche Wappen.

Die Torpfeiler wurden mehrmals versetzt und befinden sich erst seit der Eröffnung der Fußgängerzone 1974 an ihrem aktuellen Standort. Besonders reizvoll ist die Ansicht der Statuen mit Blick in Richtung Innenstadt: Zwischen den beiden historischen Torpfeilern ragt ein weiteres Wahrzeichen der Stadt Aurich, der Lambertiturm, in die Höhe.

Adresse Ausgang der Burgstraße (Fußgängerzone) in Richtung Schlossplatz | **Öffnungszeiten** jederzeit zugänglich | **Tipp** Nur ein paar Meter entfernt bietet das Restaurant Pittoresk im Hotel am Schloss passend zu jeder Jahreszeit klassische ostfriesische Gerichte an.

5 Die August-Bremer-Eiche

Ein Baum mit Tradition

»Was kümmert es die stolze Eiche, wenn sich ein Borstenvieh dran wetzt.« Das deutsche Sprichwort, bekannt geworden durch den autobiografischen Roman »Tadellöser & Wolff« von Walter Kempowski von 1971, soll Gelassenheit, Selbstbewusstsein und Souveränität ausdrücken. Und in der Tat steht die Eiche im deutschen Sprachgebrauch wie kein anderer Baum für ebendiese Charakteristika sowie für Standhaftigkeit, Kontinuität, Würde und Weisheit. Daher gilt die Eiche, die bis zu 40 Meter hoch werden kann, als deutscher Nationalbaum und wird seit dem 18. Jahrhundert oftmals auf Wappen verwendet.

Ein Eichenbaum mit einer besonderen Geschichte steht am Südeweg im Sandhorster Wald. Das etwa 170 Jahre alte Exemplar erinnert an ein Auricher Original. Der Schuhmachermeister August Bremer, ein gebürtiger Sachse, lebte bis in die 1950er Jahre in der Wallstraße in Aurich und trug jedes Jahr an Christi Himmelfahrt unter der großen Eiche in Sandhorst ein melodramatisches Gedicht vor. Bevor er mit dem Rezitieren begann, soll er sich stets ein weißes Taschentuch in die Jacke gesteckt und seine Sängermütze falsch herum aufgesetzt haben. Bremer zu Ehren wurde der Baum nach dessen Tod nach ihm benannt und ein Schild mit dem Namen »August-Bremer-Eiche« am Stamm angebracht. Auch wenn die originalen Texte des Schuhmachers nicht mehr erhalten sind, wird die Tradition unter der Eiche am Leben erhalten. Noch heute gedenkt der Auricher Männergesangsverein »Frisia« jedes Jahr zu Himmelfahrt dem verstorbenen Namensgeber der Eiche. Während der traditionellen Frühwanderung trägt der Chor unter dem Baum am Südeweg ein Ständchen vor, bevor es ins Lokal »Mutter Janssen« geht.

Und wenn nichts dazwischenkommt, kann das Ritual unter der »Königin aller Bäume« noch ein paar Jahrzehnte fortgeführt werden: Die Eiche, ein Sinnbild für die Ewigkeit, wird bis zu 1.000 Jahre alt.

Anfahrt B210 (Esenser Straße) bis Südeweg, Waldparkplatz nach etwa einem Kilometer auf der rechten Seite | **Öffnungszeiten** jederzeit zugänglich | **Tipp** Das Stammlokal des Gesangsvereins ist nur einen Kilometer entfernt. »Mutter Janssen« am Hoheberger Weg 165 ist die Kultgaststätte im Wald.

6 Das Auricher Käsehaus

Ihr Laden für Lecker

Das ist doch alles Käse? Stimmt! Im Käsehaus der Molkerei und Privatkäserei Rücker dreht sich alles um das beliebte Milchprodukt. In dem kleinen Geschäft direkt am Werk des Familienunternehmens findet man eine große Auswahl und ein ständig wechselndes Sortiment an Käsesorten. Da sind zum Beispiel die Klassiker wie der naturgereifte »Alter Schwede« und der Tilsiter »Alt-Mecklenburger«. Aber auch Friesischer Hirtenkäse oder verschiedene Grillkäse warten hier auf den Käseliebhaber. Das Auricher Käsehaus war früher das Wohnhaus der Rückers. Hier kann man jetzt im Käseangebot stöbern, ein Tässchen Tee trinken und Einblicke in die Geschichte des Betriebs bekommen.

Die Molkerei Rücker ist ein echtes Familienunternehmen. Gegründet wurde das Unternehmen 1890 von Eduard Wilhelm Rücker auf der Ostseeinsel Fehmarn. Alles begann mit einer kleinen Meierei. Das erste Produkt, das der junge Rücker damals produzierte, war der runde Tilsiter. Später betreibt die Familie einen Butterversand: Butterpäckchen werden mit der Reichspost quer durch Deutschland verschickt.

Seit 1974 hat die Molkerei ihren Hauptsitz in Aurich und eine weitere Produktionsstätte in Wismar in Mecklenburg-Vorpommern. Die einst kleine Käserei ist mit den Jahren zu einem hochmodernen Unternehmen geworden. Mit der Produktion von 30.000 Tonnen Käse im Jahr ist Rücker mittlerweile eine der größten Privatmolkereien Deutschlands und die größte Privatkäserei Norddeutschlands. Der Auricher Betrieb liefert inzwischen an Händler in alle Welt. Dabei kommt nur Milch von ausgesuchten Bauernhöfen aus Deutschlands Küstenregion in den Käse, der seit nunmehr über 130 Jahren noch nach den traditionellen Familienrezepten hergestellt wird. Und dieser wartet im Laden an der Egelser Straße. Aber ist denn wirklich alles Käse? Nicht ganz. Tagesfrische Küstenbauernsahne und Küstenbauernbutter gibt es hier auch.

Adresse Egelser Straße 117, 26605 Aurich-Egels | **Öffnungszeiten** Di 9–13 Uhr, Do 14.30–18 Uhr, Fr 9–18 Uhr, Sa 9–13 Uhr | **Tipp** Käse gibt's hier auch, aber noch ganz viele andere Leckereien: Im Hotel Lindenhof in der Egelser Gaste 1 ist das Frühstücksbüfett sehr zu empfehlen!

7 Auriculum

Lastenräder för dit un dat

Zugegeben, dieser Ort ist kein klassischer Ort. Vielmehr sind es sieben Orte. Sieben Stationen nämlich, an denen eines der Lastenräder des Vereins Auriculum bereitsteht. Und der bringt richtig was ins Rollen. Auriculum hat es sich zur Aufgabe gemacht, konkrete Alternativen zu bisherigen Mobilitätsmodellen zu bieten und Impulse für sozial und ökologisch verträgliche Wirtschaftspraktiken der Stadt zu setzen. Konkret: Ressourcenschonende Mobilität und Logistik. Das Thema ist aktueller denn je. Mit kleinen Schritten und einfachen Maßnahmen die Umwelt schonen, wie zum Beispiel statt mit dem Auto einfach mal mit dem Lastenrad einkaufen zu fahren, so fängt Klimarettung eben an.

Das Ausleihen eines Lastenrads ist denkbar leicht. Einfach online für eine Buchung registrieren, Tag der Abholung und Rückgabe angeben, und mit dem zugesandten Buchungscode und Personalausweis geht's zur entsprechenden Abholstation. Das Rad kann maximal drei Tage ausgeliehen werden. Und das komplett kostenlos! Der Verein finanziert sich über Spenden und setzt darauf, dass die Lastenradfahrer pfleglich mit den Gefährten »Ubbo«, »Tammo«, »Sina« und Co. umgehen.

Die Auricher nehmen das Klima- und Sozialprojekt sehr gut an. Meistens werden die Lastenräder für Einkäufe genutzt. Aber auch eine Braut wurde schon damit zum Standesamt chauffiert! Die vermutlich längste Reise hat ein Auricher Lastenrad bei einem ganz besonderen Umweltprojekt hinter sich gebracht: Im April 2019 brach der Auricher Holger Wessels mit einem Rad vom Marktplatz aus zur so genannten Schokofahrt nach Amsterdam auf. Von dort brachte er 50 Kilogramm CO_2-neutral erzeugte und emissionsfrei transportierte Schokolade mit. Die Lastenräder von Auriculum warten unter anderem am Schwimmbad »De Baalje«, im Bio-Markt Baier an der Fockenbollwerkstraße und am Familienzentrum, genaue Infos hält die Homepage des Vereins bereit.

Adresse Die Standorte aller Lastenräder findet man auf www.auriculum.de. | Tipp Nach so viel Bewegung und Engagement für die Umwelt hat man sich eine Belohnung verdient. Zum Beispiel im »La Piazza« auf dem Marktplatz. Hier gibt es selbst gemachtes Eis und leckeren Kuchen.

8 Der Baggersee

Kleine Karibik an der Kuhle

Da kommt doch glatt ein klein wenig Karibik-Feeling auf, wenn man (nun gut, vornehmlich im Hochsommer) auf den Dietrichsfelder Baggersee im Meerhusener Wald schaut. Zwar fehlen Palmen und Kokosnüsse, aber das klare Wasser schimmert so herrlich hellblau, und der feine, helle Sand erinnert tatsächlich entfernt an die Strände der Tropenregion im Atlantischen Ozean.

Nun ist Dietrichsfeld nicht grade eine mittelamerikanische Insel, sondern ein etwa 750 Einwohner starker und elf Quadratkilometer großer, ländlich geprägter Ortsteil im Norden des Stadtzentrums von Aurich. Und das Dörfchen wurde auch nicht von spanischen Eroberern entdeckt, sondern im frühen 19. Jahrhundert von Kolonisten aus der Pfalz gegründet.

Aber immerhin, den ein oder anderen lauen Sommerabend verbringt man hier an diesem idyllischen Örtchen durchaus in toller Atmosphäre. Dabei ist das feuchte Vergnügen in der durch Sandabbau entstandenen Kuhle eventuell nicht immer ganz legal. Das Baden ist nämlich im Baggersee strengstens verboten. Erstens, weil das etwa drei Hektar große Gewässer eigentlich für den Naturschutz reserviert sein soll und das langfristige Ziel dessen Renaturierung ist. Zweitens, weil es mit einer maximalen Tiefe von immerhin zehn Metern und der fehlenden Badeaufsicht für ungeübte Schwimmer durchaus Gefahren bergen kann.

Ganz klar erlaubt dagegen ist das Angeln im Baggersee. Bewirtschaftet wird das Areal vom Sportfischerverein Fulkum und Umgebung. Der Baggersee gilt als sehr fischreich. Angler haben gute Chancen, hier Karpfen, Rotauge, Aal, Zander, Schleie, Barsch oder Hecht zu erwischen. Und wer beim Baden im klaren Wasser gut aufpasst, und seine Picknickreste und Flaschen am Ende des Tages wieder mit nach Hause nimmt, dem sei ein Aufenthalt am Sandstrand des Dietrichsfelder Baggersee doch durchaus gegönnt. Für ein bisschen Kleinkaribik-Gefühl in Ostfriesland!

Anfahrt B210, links auf die Dornumer Straße, in Tannenhausen rechts auf die Dietrichsfelder Straße, dann über Hünenschlootweg und Esenser Postweg | **Tipp** Den passenden Eisbecher zum Karibik-Feeling macht die Eismanufaktur »Schlaraffenland« in der Dornumer Straße 55.

9 Bamboo-House

Philippinisches Urlaubsfeeling meets Nachhaltigkeit

»Einen billigen Schrank zu kaufen und ihn nach zwei Jahren wegzuschmeißen, weil das Furnier abblättert, ist ökologisch eine Katastrophe.« Klare Worte von Ingo Schetzberg, Gründer von Bamboo-House. Zusammen mit seinem Freund und Partner Joost Marienhoff hat er sich auf die Herstellung von original philippinischen Bambushütten und -möbeln spezialisiert. Die beiden legen dabei viel Wert auf Nachhaltigkeit. Der Bambus, ein qualitativ hochwertiges und schnell nachwachsendes Naturprodukt, kommt tatsächlich direkt von den Philippinen, wo er – übrigens nicht in Monokulturen angebaut – von Hand geschlagen und mit Wasserbüffeln abtransportiert wird. Schetzberg und Marienhoff arbeiten mit einem Familienunternehmen aus Butuan zusammen, die einheimischen Tischler fertigen beispielsweise die Bausätze für die Pavillons an. »Wir wollen Materialien so verarbeiten, dass man die Produkte auch nach 20 Jahren noch nutzen kann«, sagt Schetzberg.

Die Bamboo-House-Gründer sind gelernte Tischler und kennen sich bereits seit der Berufsschule. Die Idee, philippinische Bambusprodukte nach Deutschland zu bringen, kam dem ehemaligen Seemann Schetzberg beim Besuch von Freunden auf dem Inselstaat im Pazifik. Und so kommt es, dass man mitten im Gewerbegebiet Middels original südostasiatische Weddingsheds findet. Übrigens in der Größe und Qualität einzigartig im nord- und mitteldeutschen Raum.

Bamboo-House hat bereits die Beachbar »Northbound« am Tannenhausener Badesee mit seinen exotischen Hütten ausgestattet. Weitere Projekte in Aurich sind in Planung. Auch, weil die beiden ambitionierten Unternehmer ihr Sortiment ständig erweitern und individualisieren. Sie bieten nicht nur Pavillons, sondern auch Zäune, Gartenüberdachungen oder Inneneinrichtungen aus Bambus wie Betten, Stühle, Deko oder Wandverkleidungen an. Innovation und Nachhaltigkeit also, ein Projekt für die Zukunft.

Adresse Hengstforde 9, 26607 Aurich, Tel. 04947/5088555, www.bamboo-house.de | **Anfahrt** B210 (Esenser Straße) bis Middels, dann links ins Gewerbegebiet | **Tipp** Ein Ort mit Tradition, aber auch durchaus moderner Ausrichtung, ist das Schützenhaus des Schützenvereins »Glück auf« Middels-Westerloog. Auf einer der größten Schießsportanlagen Nordwestdeutschlands kann man ein gemütliches Essen mit einem Schießwettbewerb verbinden – sofern man sich angemeldet hat.

10 Barzis im Knodtschen Haus

Außen Barock, innen Bayern

Ins Knodtsche Haus am Marktplatz sind die Bayern eingezogen. Im 1735 vom fürstlichen Hofbaumeister Heinrich Horst im spätbarocken Stil erbauten, unter Denkmalschutz stehenden Gebäude in der Auricher Fußgängerzone werden seit April 2016 Schweinshaxen, Wiesnhendl, Knödel und Brotzeitbredl serviert. Khosrow und Irmengard Bazinpour, sie gebürtige Bayerin vom Chiemsee und er Wahlbayer aus Persien, hat es vor etwa fünf Jahren nach Ostfriesland verschlagen, nachdem sie Freunde in der Nähe von Aurich besucht hatten. Die beiden sind Quereinsteiger. Während Khosrow früher als Fotolaborant gearbeitet hat, ist seine Frau gelernte Hauswirtschafterin und Alten- und Krankenpflegerin. Dass sie heute die Küche im Barzis im Griff hat, hat aber einen guten Grund: »Ich habe elf Geschwister und musste deshalb schon immer kochen!«, erzählt die Gastronomin. Durch ihren Mann und Besuche in Persien sei sie im Laufe der Jahre erst so richtig zum Kochen gekommen. »In der persischen Gewürzwelt gibt es mehr als nur Salz, Pfeffer und Paprika!« Ob die Auricher im Barzis in Zukunft auch mal Spezialitäten der persischen Küche probieren dürfen? »Wer weiß!«, sagt Irmi Barzinpour mit einem Augenzwinkern.

Das Barzis bietet neben der typisch bayerischen Küche auch bayerische Abende, im Sommer einen gemütlichen Biergarten und im Winter einen typischen Christkindlmarkt an. Doch die absolute Besonderheit ist die Lederhosnsemmel. Die »innovative Brezel«, wie die Wirtin sie nennt, ist ein Laugengebäck in Lederhosenform mit Sesam statt Salz. Erfunden hat sie vor etwa zehn Jahren Khosrow Barzinpour selbst und sich die außergewöhnliche Brezel auch gleich patentieren lassen. Die Lederhosnsemmel, die nach wie vor in Bayern produziert wird, bekommt man nicht nur im Knodtschen Haus, sondern auch im Mittagslokal »Barzis Lederhosnsemmel« in der Burgstraße 17 – zusammen mit Leberkäse und Weißwürsten.

Adresse Marktplatz 23, 26603 Aurich | **Öffnungszeiten** Barzis Di–So 17–22 Uhr, Imbiss in der Burgstraße Mo–So 11.30–15 Uhr | **Tipp** Die Norderstraße in der Fußgängerzone! Hier sind noch viele heimische Einzelhandelsgeschäfte ansässig.

11 Die Bäume von Brockzetel

Zeichen aus dunklen Zeiten

In einem idyllischen Wäldchen im ruhigen Ortsteil Brockzetel erinnern ein Gedenkstein und eine Infotafel an etwas, von dem nicht viele Auricher wissen: Im Zweiten Weltkrieg gab es in Brockzetel ein Arbeitslager.

Etwa 400 politische Häftlinge aus den Niederlanden wurden hier von den Nationalsozialisten von März bis April 1945 gefangen gehalten. Für die Insassen dürften diese vier Wochen die längsten und schlimmsten ihres Lebens gewesen sein. Das spürt man förmlich beim Betrachten der Schnitzereien in den Bäumen rund um die Gedenkstätte. Hier haben sich die Häftlinge in ihrer Verzweiflung, zum Beispiel mit ihren Initialen, verewigt.

Im Lager Brockzetel herrschten furchtbare Lebensbedingungen. Die Menschen litten nicht nur unter der fehlenden Hygiene und einer daraus resultierenden Ungezieferplage, es gab auch kein Trinkwasser und sehr wenig zu essen. Berichten von Überlebenden zufolge bekamen die Männer nur eine dünne Bunkersuppe und ab und zu ein Stück Brot. Der Hunger soll so schlimm gewesen sein, dass einige Gefangene vor lauter Verzweiflung das verbrannte Fleisch einer beim Bombenangriff getöteten Kuh aßen. Die Aufgabe der Zwangsarbeiter war es, auf dem nahe gelegenen Militärflugplatz Wittmundhafen Schutt wegzuräumen. Acht Menschen ließen im Lager bei Bombenangriffen und Fluchtversuchen oder durch Hunger und Krankheit ihr Leben.

Jahrzehntelang wurde die Existenz des Zwangsarbeitslagers der Nazis, nicht nur von der Auricher Bevölkerung, sondern auch von offiziellen Stellen der Stadt, verdrängt und geriet im Laufe der Zeit fast völlig in Vergessenheit. Seit 1995 erinnert nun die Gedenkstätte, errichtet auf Initiative des Europahauses Aurich, an die Schrecken im Brockzeteler Arbeitslager. Jedes Jahr treffen sich hier an der Ringstraße Angehörige der ehemaligen niederländischen Häftlinge und legen zur Erinnerung Kränze nieder.

Anfahrt von der Pferdemarktkreuzung in südliche Richtung über die Fockenbollwerkstraße in Richtung Egels, dann von der L34 in Richtung Friedeburg in die Ringstraße, die Gedenkstätte befindet sich auf der rechten Seite | **Tipp** Direkt um die Ecke liegt der Flugplatz Brockzetel. Hier betreibt der Luftsportverein Aurich-Ostfriesland eine Flugschule, Mitfliegen und Schnupperkurse zum Selbstfliegen sind nach Absprache möglich.

12 Das Betonwerk

Dicke Wände und ein Hauch von St. Pauli

Da hätte Johann Friedrich Siebels nicht schlecht gestaunt. Als er 1902 im Auricher Ortsteil Walle eine Zementfabrik gründete, konnte er nicht ahnen, dass an dieser Stelle eines Tages eine der abgefahrensten Party-Locations Ostfrieslands entstehen würde. Denn dort, wo zuletzt im Betonwerk von Otto Siebels Platten, Rohre und Kanalschächte gegossen wurden, ist hinter dicken Mauern ein Hauch von St. Pauli eingezogen.

Nachdem die Betonfabrik 1996 endgültig schloss, übernahm der Radio- und Fernsehtechniker Holger Kleinschmidt einen Teil der Liegenschaft und »pimpte« sie nach und nach auf seine Weise. Schließlich war es schon immer sein Plan gewesen, ungestört laute Musik zu hören. Mit dem Umbau begann der Ex-Kölner 2001, ganz zu Ende führen wird er ihn wohl nie, weil er immer wieder neues, ausgefallenes Interieur besorgt und den 50 Quadratmeter großen Raum detailgetreu umgestaltet. »Das ist hier im Betonwerk wie beim Kölner Dom. Der wird auch nie fertig«, sagt er lächelnd und verweist auf einige besonders außergewöhnliche Einrichtungsstücke.

Da ist zum Beispiel der Brötchenautomat, eine Rarität aus dem Jahr 1961. Den hat Holger Kleinschmidt, einer von noch drei in Deutschland tätigen Spezialisten für Oldtimerradios, aus einem Laden von der Reeperbahn, direkt neben der Davidwache. Der Clou: Das Ding funktioniert. Wer sich etwas daraus kaufen möchte, besorgt sich am Tresen eine Mark und sucht sich etwas aus: Rosen, Kondome, Stringtangas. Je nach Bedarf und Stimmung eben.

Das Betonwerk ist keine öffentliche Einrichtung. In der Regel geben regionale Bands Wohnzimmerkonzerte, oder es finden private Partys statt. Aber: Wenn mal jemand vorbeischaut und Holger ist gerade vor Ort, ist er der Letzte, der dem Gast das Betonwerk nicht zeigen würde. Also: Nur ein wenig Glück gehört dazu, für ein paar Minuten in die besondere Welt des alten Betonwerks einzutauchen.

Adresse Wallster Loog 18, 26607 Aurich-Walle | **Anfahrt** von der Pferdemarktkreuzung über die Emder Straße (B72), kurz vor Moordorf nach rechts in den Wallster Postweg und dann in den Wallster Loog | **Öffnungszeiten** auf gut Glück | **Tipp** Wer nach so viel Input bei einem Spaziergang abschalten möchte: Etwas versteckt liegt ganz in der Nähe am Ende des Greedenwegs ein kleiner See zwischen der Sandhorster Ehe und der Emder Straße.

13 Das Blinkfüer

Seezeichen mit hoher Symbolkraft

Abriss oder Renovierung? Das war mehrere Monate lang die große Frage, als es um die städtebauliche Entwicklung des Auricher Hafens ging. Immer wieder geriet das beliebte Blinkfüer in die Schlagzeilen der lokalen Presse. Während den einen die Renovierung der alten Stahlkonstruktion zu teuer war, wollten andere das weithin sichtbare Seezeichen unbedingt behalten. Allein von der Symbolkraft her besitze das Blinkfüer für einen Hafen absolute Existenzberechtigung. Das Ergebnis: Es blieb. Die Befürworter setzten sich nach etlichen Diskussionsrunden durch. Das Blinkfüer passe perfekt zum Ensemble aus moderner Gastronomie, neuer Steganlage und hohem Naherholungsanspruch, hieß es im Rathaus.

Der Sport- und Freizeithafen in Aurich befindet sich direkt am Ems-Jade-Kanal. Er bietet neben 40 modernen Bootsliegeplätzen auch einen Bootsverleih. Für Hobbyskipper stehen führerscheinfreie Motorboote, Tretboote, Kanus und exotische »Hydro-Bikes« zur Verfügung. Wer gerade keine Action braucht und ein paar ruhige Stunden verbringen möchte, der kann an einer Ausflugsfahrt mit der »MS Stadt Aurich« teilnehmen.

Der Hafen mit dem altgedienten Blinkfüer als Mittelpunkt ist zudem Ausgangspunkt für interessante Fahrradtouren. Auf Strecken zwischen 20 und 45 Kilometern können die Freizeitsportler das landschaftlich reizvolle Umfeld Aurichs erkunden. Wer als Gast in die Ostfrieslandmetropole reist und kein Rad dabeihat, der kann sich kurzerhand einen Drahtesel leihen. Allerdings sind diese von der Qualität 3.0. Denn der Fahrradverleih hält vom Kinderrad bis zum E-Bike für jeden etwas Passendes bereit. Unter dem wachsamen Blick des Blinkfüers stehen den Gästen zudem zwei Restaurants zur Verfügung. Von dort aus kann man übrigens den am Hafen ansässigen Ruder- und Kanusportlern beim Training zuschauen. Oder sich eben am Anblick des Blinkfüers erfreuen. Schließlich bleibt es ja!

Adresse Tannenbergstraße 29, Hafen am Großen Sett, 26603 Aurich | **Öffnungszeiten** jederzeit zugänglich | **Tipp** Wer wärmeres Wasser bevorzugt, dem sei das »De Baalje« ans Herz gelegt. Das 2013 neu eröffnete Familien- und Wohlfühlbad am Ellernfeld garantiert Badegenuss bei jedem Wetter.

14 Die Blücher-Kaserne

Vom Exerzierfeld zum sozialen Wohnungsbau

»Ich wünschte, es wäre Nacht oder die Preußen kämen.« Dieser bedeutungsschwere Satz hat tatsächlich etwas mit der Auricher Kaserne zu tun – wenn auch nur am Rande. Denn als der englische General Wellington diese Worte am 18. Juni 1815 während der Schlacht bei Waterloo von den Lippen ließ, wünschte er sich im Kampf gegen das Heer Napoleons nichts sehnlicher als die Unterstützung durch die Truppen des preußischen Feldmarschalls Gebhard Leberecht von Blücher. Und in der Tat. Blücher kam, sah, siegte und brachte ein paar Stunden später gemeinsam mit Wellington den zurückgekehrten Kaiser der Franzosen zur Strecke.

Für das deutsche Militär waren Blüchers Verdienste Grund genug, etliche Einrichtungen nach ihm zu benennen. Auch die Auricher Kaserne, die bis 2013 die vierte Luftwaffendivision beherbergte, trägt diesen Namen. Die Blücher-Kaserne Aurich wurde im Februar 1938 als Marinestandort aus der Taufe gehoben. Die Vorstellung der Soldaten erlebte die Bevölkerung am 1. Oktober 1938 auf dem Marktplatz. Weitere Kasernengebäude wurden danach im Eiltempo gebaut. Bis 1942 gaben sich die Handwerker die Klinke in die Hand.

Nach dem Krieg änderte sich die Lage: Bis weit in die 1950er Jahre flüchteten zahlreiche Menschen aus der DDR. Für die Blücher-Kaserne war zunächst die Aufnahme von 2.400 Flüchtlingen geplant. Am Ende war die Kapazität mit 4.200 mehr als erschöpft. Die Kirchen nahmen sich der Flüchtlinge an. In der Kaserne befindet sich noch heute eine aus dieser Zeit stammende Kapelle. Übrigens wiederholte sich die Geschichte 1989: Als die Mauer fiel, diente die Kaserne ebenfalls als Aufnahmestelle.

Die Stadt Aurich arbeitet zurzeit an einem Plan für die Entwicklung des Geländes. In erster Linie geht es da um die Schaffung von Wohnraum,, wobei der Fokus auch auf sozialem Wohnungsbau liegt.

Während Tagen der offenen Tür kann die ehemalige Kaserne besichtigt werden.

Adresse Skagerrakstraße 10, 26603 Aurich | **Anfahrt** über Esenser Straße, rechts abbiegen in die Skagerrakstraße | **Tipp** Hier werden noch Märsche geblasen! Im gut einen Kilometer entfernten Musikstudio Hardy kann man nicht nur Musikinstrumente kaufen und reparieren lassen, sondern sie auch zu spielen erlernen.

15 Der Bohlenweg

Eine der ältesten befestigten Straßen Deutschlands

Etwa drei Kilometer lang war der Bohlenweg, der in der sogenannten Trichterbecherzeit (4.200–2.800 v. Chr.) das Auricher Geestplateau nahe des Großsteingrabes Tannenhausen durch das Meerhusener Moor mit dem Ewigen Meer verband. Für den Bau des durchschnittlich drei Meter breiten Knüppeldamms, der aus quer zur Fortbewegungsrichtung gelegten Hölzern bestand, verwendeten unsere Ahnen aus dem Mesolithikum etwa 26.000 Erlen. Der Bohlenweg in Meerhusener Moor, der sogar eine Verbindung bis zur Weser-Ems-Region gehabt haben soll, gilt als einer der ältesten befestigten Verkehrswege in ganz Deutschland. Er wurde schätzungsweise nur etwa 30 Jahre genutzt, bis das Moor ihn sich wieder zurückeroberte und überwucherte. Nur durch diesen Umstand konnten glücklicherweise die Überreste bis in unsere Zeit erhalten bleiben.

Bei den Ausgrabungen von etwa 300 Metern des Knüppeldamms 1984 wurden neben etwa 35 kleineren Funden wie einer Kultfigur auch Reste eines hölzernen Wagens freigelegt, der einer der ältesten bislang gefundenen Deutschlands ist.

Leider wurde der Bohlenweg nach den Ausgrabungen wieder mit Torf bedeckt und ist heute optisch daher nicht mehr nachzuvollziehen. Dennoch lohnt sich ein Spaziergang auf den Spuren des historischen Knüppeldamms. Wieso nicht einfach mal beim Wandern durch das schöne Meerhusener Moor die Phantasie spielen lassen und sich vorstellen, wie unsere Vorfahren in der Jungsteinzeit mit ihren hölzernen Ochsenkarren über den mühsam befestigten Bohlenweg gerattert sind? Und wie sie ihre der Zeit ihren Namen gebende charakteristische Keramik von Siedlung zu Siedlung transportiert haben?

Die Überreste des Auricher Bohlenweges und die historischen Wagenreste sind im Niedersächsischen Landesmuseum für Kunst und Kulturgeschichte in Oldenburg ausgestellt. Außerdem gibt es im Historischen Museum in Aurich Repliken einzelner Fundstücke.

Adresse im Meerhusener Moor zwischen Tannenhausen und dem Ewigen Meer | Anfahrt Dornumer Straße, rechts in die Dietrichsfelder Straße, auf der linken Seite befindet sich das Meerhusener Moor | Tipp Alles über die Entstehung eines Moores und das Leben in einer Moorkolonie erfahren Sie im Moormuseum in Moordorf in der Nachbargemeinde Südbrookmerland.

16 Das Brakhuis

Alte Schule mit neuer Bestimmung

Wenn Heinrich Brakhuis das noch hätte erleben dürfen! Sicher wäre er stolz auf seine Wallster und vielleicht auch ein bisschen auf sich selbst gewesen. Im Auricher Stadtteil Walle nämlich befindet sich ein stolzes Gebäude, das mittlerweile nicht nur längst den gesellschaftlichen Mittelpunkt des Dorfes bildet, sondern – und das ist das Besondere – nach Heinrich Brakhuis benannt wurde.

Der Lehrer Heinrich Brakhuis lebte viele Jahre in dem Gebäude am Wallster Loog. Sein Vater, der Tischlergeselle Johann Janssen Brakhuis, hatte es Ende des 18. Jahrhunderts gekauft und es für seine Familie umgebaut. Das heutige »Brakhuis« war nämlich zuvor eine Schule. Diese wurde 1811 als kleines Haus mit einem Klassenraum errichtet, bevor 1860 an gleicher Stelle ein Neubau mit zwei Klassenräumen und einer Lehrerwohnung erfolgte. Als 1892 auch diese Schule zu klein wurde, musste für die Wallster Kinder ein neuer Standort her.

Nach Brakhuis' Pensionierung im Jahr 1959 und dessen Umzug in eine andere Wohnung im Dorf stand das Gebäude mehr als zehn Jahre leer und drohte zu verfallen. Einigen engagierten Bürgern ist es zu verdanken, dass der Gemeinde das denkmalgeschützte Haus erhalten blieb. Seit 1991 fungiert das liebevoll renovierte Gebäude als »Begegnungsstätte Alte Schule Walle«, und natürlich wird es von allen Dorfbewohnern nach wie vor »Dat Brakhuis« genannt und gern besucht.

Auch heute noch kümmert sich der Förderverein »Alte Schule Walle« um das Gebäude, das längst zu einer lebhaften Begegnungsstätte geworden ist. Zu den Höhepunkten des Jahres gehören hochwertige Kunsthandwerkermärkte mit steigenden Besucherzahlen sowie unter anderem Ausstellungen, Liederabende, Skat- und Filmnachmittage. Der Förderverein ist selbstlos tätig, er erhält keine öffentlichen Mittel und verfolgt ausschließlich gemeinnützige Zwecke. Ohne Zweifel: Das würde Heinrich Brakhuis gefallen.

Adresse Wallster Loog 68, 26607 Aurich-Walle | **Öffnungszeiten** auf Anfrage | **Tipp** Von hier aus lohnt sich die kurze Fahrt in die Nachbargemeinde Südbrookmerland: Im an Walle grenzenden Stadtteil Moordorf steht die neuromanische Martin-Luther-Kirche von 1893.

17_Die Buchbar

Eine mongolische Jurte mitten in der Stadt

Schon der Weg hin zur Jurte durch den Garten der Familie Weber ist etwas ganz Besonderes. Um sich allein auf dem kurzen Stück alles in Ruhe anzusehen, brauchte man mindestens eine Viertelstunde. Hier eine steinerne Buddhafigur, da ein Spruch an der Tür, mittendrin ein knallbunt bemalter Hühnerstall, und überall alte Bäume, wilde Sträucher und bunte Blumen. Mittendrin steht die Jurte. Sie ist die einzige original mongolische Jurte in Ostfriesland, die permanent aufgebaut bleibt. Besonders im Winter braucht das Nomadenzelt viel Pflege. Die Jurte ist ein reines Naturprodukt und besteht aus Holz, Schafsfilz und Kamelhaar. Auch die Innenausstattung ist zum größten Teil original mongolisch. Betten, handbemalte Tische und Hocker, Teppiche, alles stammt aus Zentralasien. Heidrun Weber hat die Mongolei nach Ostfriesland geholt. Ursprünglich wollte sie für ihren Verein Lesetoll (siehe Ort 54) einen Ort für Lesungen und Aktionen rund ums Thema Buch schaffen, öffnete das besondere Zelt aber bald auch für Gäste.

Die Buchbar ist buchbar. Für Urlaub, Geburtstags- und Weihnachtsfeiern, Schul- und Kindergartenklassen. Der große Garten, inklusive See und Lagerfeuer, darf gern mitbenutzt werden. Dabei soll immer der Vorlesegedanke eine Rolle spielen und Besinnlichkeit, Einkehr und Wertschätzung im Vordergrund stehen. Die Jurte soll ein Gegenpol zur Beschallung und zum Konsumverhalten, eine Alternative zu den künstlichen Welten sein. Einmal habe ein Gast sein iPad in der Jurte vergessen, weil er es einfach nicht mehr brauchte, erzählt die Gastgeberin.

Mittlerweile verzeichnet die Jurte etwa 45 Übernachtungen im Jahr, einmal im Monat ist sie fest vom Verein Lesetoll gebucht, und es finden etwa zehn Sonderveranstaltungen statt.

Ob die Hausherrin manchmal genervt ist von dem Trubel in ihrem Garten? »Nein, es ist wirklich die reinste Freude!«, lacht Heidrun Weber.

Adresse Ligusterweg 14, 26603 Aurich | **Öffnungszeiten** Termine und Buchungen unter Tel. 04941/3458 | **Tipp** Sie müssen gar nicht weit gehen! Im Garten der Familie Weber gibt es so viel zu sehen. Zwischen Teich, Sträuchern und Bäumen verstecken sich einige Überraschungen.

18 Der Buchenwallhof

Von zahmen Ziegen und alten Saaten

Schon mal was von Anglo Nubier gehört? Nein? Kein Wunder. Die Ziegenrasse aus England ist sehr selten. In Deutschland gibt es gerade mal etwa 400 ihrer Art. Einige davon leben auf dem Buchenwallhof in Aurich-Tannenhausen. Auf ihrem Selbstversorgerhof an der Moordorfer Straße züchtet Jenny Scharf seit 2013 die besonderen Tiere und ist damit eine von nur 30 Züchtern in ganz Deutschland und gerade mal vieren in Niedersachsen.

Was mit drei Ziegen als Hobby begann, ist mittlerweile zur professionellen Passion geworden: Jenny Scharf nimmt mit ihren bis zu 40 Ziegen regelmäßig und erfolgreich an deutschlandweiten Rasseschauen teil. Doch was macht die Anglo Nubier so einzigartig? »Die Tiere haben einen ganz besonderen Charakter, sind sehr menschenbezogen, zutraulich und alles andere als Zicken oder Ausbrecher!«, schwärmt die Züchterin. »Aber gerade deshalb müssen sie mit viel Fingerspitzengefühl behandelt werden und brauchen gutes Futter.« Das produzieren Jenny Scharf und ihr Mann auf ihrem Hof übrigens selbst. Genau wie Käse aus der Milch der Anglo Nubier. Und die ist die zweite Besonderheit der seltenen Rasse. »Die Milch hat nicht den starken Ziegengeschmack, außerdem enthält sie besonders gute Inhaltsstoffe«, erklärt die gelernte Lehrerin und Altenpflegerin, die durch ihren Mann ihr Interesse für die Landwirtschaft entdeckt hat.

Eine weitere Leidenschaft der Hofbesitzer ist das Gärtnern. Auf dem Buchenwallhof baut das Paar verschiedene Pflanzen an – natürlich ohne Pestizide oder Mineraldünger – und betreibt eine Erhaltungszucht alter Gemüsesorten, die für die beiden Naturliebhaber ein nicht zu unterschätzendes Kulturgut und ein Stück Heimat bedeuten. Deshalb bieten die beiden auf dem Buchenwallhof auch samenfestes Saatgut für Hobbygärtner an. Genauso wie selbst hergestellte Naturkosmetik wie zum Beispiel Löwenzahn- oder Honig-Milch-Hafer-Seife.

Adresse Moordorfer Straße 187, 26607 Aurich-Tannenhausen | Anfahrt Dornumer Straße, von Aurich kommend nach links in die Moordorfer Straße | Öffnungszeiten nach Absprache unter Tel. 0176/23249238 | Tipp Wer einen etwas größeren vierbeinigen Freund hat, findet direkt um die Ecke im Reitsportladen »Sattelkammer« in der Ol Streek 6 alles, was er für sein Pferd braucht.

19 Butter, Brot und Käse

Das einzige erhaltene Großsteingrab Ostfrieslands

Mitten in einer beschaulichen Siedlung im Naherholungsgebiet Aurich-Tannenhausen findet man eine echte Rarität: die Rekonstruktion eines etwa 6.000 Jahre alten Großsteingrabes. Die Grabanlage in Tannenhausen ist die einzige in Ostfriesland, von der noch Reste erhalten sind. Die drei anderen bekannten Standorte in Brinkum, Leer und Utarp wurden im Laufe der Jahre vollständig zerstört und die Steine für Neubauten, vor allem für Kirchen, genutzt.

Das Großsteingrab stammt aus der steinzeitlichen Trichterbecherkultur und wurde generationenübergreifend genutzt und immer wieder geöffnet, um Sippenmitglieder zu bestatten. Dabei fungierte die Grabstätte wohl gleichzeitig als religiöses Zentrum des Dorfes und stellte für seine Bewohner einen heiligen Ort dar. Bei einem Rundgang durch das kleine Wäldchen, auf deren Lichtung das Megalithgrab steht, spürt man den Zauber längst vergangener Zeiten, wenn man sich vorstellt, welche religiösen Zeremonien hier vor mehreren tausend Jahren abgehalten wurden. Dazu inspirieren auch die Infotafeln, die die Besucher mit spannendem Wissen zum Thema Megalithgräber und Steinzeit im Allgemeinen und den Funden in Tannenhausen im Speziellen versorgen.

Die Grabanlage bestand ursprünglich aus zwei Grabkammern, die jeweils rund zwölf Meter lang und zwei bis drei Meter breit waren. Das Dach bestand aus fünf oder sechs großen Decksteinen. Der erhaltene Trägerstein und die zwei Decksteine des Grabes werden von den Einheimischen scherzhaft »Butter, Brot und Käse« (plattdeutsch: Botter, Brood und Kees) genannt.

Das Großsteingrab in Tannenhausen wurde Anfang der 1960er Jahre von der Ostfriesischen Landschaft erforscht. Die Fundstücke, die damals bei den Ausgrabungen zutage traten – Steingeräte und Keramik aus der steinzeitlichen Trichterbecherkultur –, können heute im Historischen Museum Aurich (siehe Ort 38) besichtigt werden.

Adresse Am Hünengrab, 26607 Aurich-Tannenhausen | **Anfahrt** Dornumer Straße, Moordorfer Straße, Oll Streek | **Öffnungszeiten** jederzeit zugänglich | **Tipp** Wer jetzt nach so viel Butter, Brot und Käse Hunger bekommen hat, kriegt im Imbiss der Auricher Kult-Gastronomen »Kanzler« im Stürenburgweg 2a an der Dornumer Straße die passende Bratwurst.

20 Der Caro

Ein Hauch von Großstadt auf dem Land

Da staunten die Auricher nicht schlecht. Als Anfang der 1980er Jahre die Bagger anrollten, um am Rande der Innenstadt eine gigantische Grube zum Neubau eines Einkaufscenters auszuheben, gab es zunächst nur noch ein Gesprächsthema: der neue Carolinenhof. Als es 1983 dann so weit war, gewöhnten sich die Menschen langsam, aber sicher an den neuen wirtschaftlichen Fixpunkt zwischen Fischteichweg und Leerer Landstraße. Außerdem: Nicht wenige waren auf den neuen Anlaufpunkt ganz schön stolz, schließlich galt das Einkaufszentrum seinerzeit als die erste »Shoppingmall« in ganz Ostfriesland.

In der Tat bot der Carolinenhof für die Besucher, von denen nicht wenige Touristen waren und immer noch sind, einige Überraschungen. Nicht nur die Kino-Landschaft im Obergeschoss mit Bowlingbahn, Diskothek und Restaurants. Auch die vielen Geschäfte galten fortan als Besuchermagneten, hinzu kamen zahlreiche Parkplätze in der Tiefgarage. Und: Auch die Kreisverwaltung fand im Gebäudekomplex eine moderne Bleibe.

Mit den Jahren litt der Ruf. Das lag in erster Linie an der hohen gastronomischen Frequenz an Wochenenden mit den entsprechenden Begleitumständen. Kaum eine Pressemitteilung der Polizei, die nicht von einer oder gleich mehreren teils wüsten Schlägereien zu berichten hatte.

Das hat sich geändert. Mit der Umgestaltung des Gebäudes und dem Umsetzen einer neuen Philosophie für den Einkaufstempel ist der »Caro«, wie er nun offiziell heißt, auf dem besten Weg, sich ein neues ebenso sympathisches wie flottes Image zuzulegen. Mittlerweile gestaltet sich der »Caro« in frischem Gewand, und zahlreiche namhafte Einzelhandelsunternehmen haben sich angesiedelt. Gastronomie im Obergeschoss gibt es nicht mehr. So sind die Auricher nun also dabei, ihren »Caro« als neuen Gefährten zu schätzen und als schmucke Ergänzung zur benachbarten Fußgängerzone zu betrachten.

Adresse Fischteichweg 7, 26603 Aurich | Öffnungszeiten Mo–Sa 7.30–22 Uhr, So 9–18 Uhr | Tipp Ob Theater, Comedy, Lesung oder Konzert: In der Stadthalle, keine 500 Meter entfernt am Bürgermeister-Anklam-Platz, ist fast jeden Abend was los.

21 Das Dreiländereck

Ein besonderer Abschnitt des Ems-Jade-Kanals

Auch Aurich hat ein Dreiländereck! Und zwar in Middelburg. Die kleine Gemarkung mit etwa 150 Einwohnern ist Teil des Stadtteils Kirchdorf. Ein Dreiländereck, auch Länderdreieck genannt, ist per definitionem ein geografischer Punkt, an dem drei gleichrangige Territorien aufeinandertreffen. Im Falle Aurichs sind das Kirchdorf, das südlich gelegene Schirum und Popens im Osten. Wie jedes berühmte Länderdreieck ist auch das der ostfriesischen Kreisstadt mit einem Monument markiert. Die Middelburger Brücke führt hier über den Ems-Jade-Kanal. Auf ihr verläuft die Bundesstraße 72.

Die erste Brücke an dieser Stelle wurde im Zuge des Kanalbaus in den 1880er Jahren errichtet, ihre Nachfolgerin war 1936 eine Betonbrücke. Die heutige Middelburger Brücke ist ein Neubau von 1978. Ursprünglich bestand die erstmals 1857 urkundlich erwähnte Ortschaft Middelburg (früher Middelbörg) nur aus einem einzigen Haus. Dieses stand in der Nähe der heutigen Brücke. Es muss laut alten Aufzeichnungen vor 1817 erbaut worden sein und beherbergte eine Gastwirtschaft. Nach einem Brand im April 1857 wollten die Nachbarn aus Schirum die weitere Konzession in Middelburg verhindern und in den eigenen Ort verlegen. Doch wegen seiner günstigen Lage und »weil bei Jahrmärkten die Stadt Aurich mitunter überfüllt sei«, erlaubte das Amt schließlich den Neuaufbau und die Weiterführung des Betriebs durch einen niederländischen Gastwirt. Viele Auricher besuchten zu dieser Zeit die »Middelbörg« als Kaffeehaus. 1880 und 1921 fiel das Gebäude erneut dem Feuer zum Opfer, wurde aber jeweils wiederaufgebaut und bis 1998 als Gaststätte genutzt. Ende des 19. Jahrhunderts war der Wirt auch gleichzeitig im Auftrag der Wasserbauverwaltung für den Kanalbetrieb zuständig. Heute befinden sich auf dem Gelände des Dreiländerecks der Schützenverein »Germania« Middelburg und eine Baumschule.

Adresse Die Middelburger Brücke überquert mit der B72 auf Höhe des Middelburger Wegs den Ems-Jade-Kanal. | **Öffnungszeiten** jederzeit zugänglich | **Tipp** Lust auf frische Weidemilch? Die Milchtankstelle auf dem Hof der Familie Haßbargen ist keine zwei Kilometer entfernt. Hier gibt's nicht nur Milch von glücklichen Kühen zum Selbstzapfen, sondern auch Marmelade, Honig, Eier und Kartoffeln im Hofladen.

22 Die Drogerie Maaß

Ein Muss für Nostalgiker!

Beim Betreten der Drogerie Maaß in der Osterstraße fühlt man sich in der Zeit zurückversetzt. Aus der Vergangenheit vertraute Gerüche und die klassischen Verpackungen rufen längst vergessene Erinnerungen wach. In der ältesten Drogerie Ostfrieslands kommen Nostalgiker voll auf ihre Kosten.

Seit über 160 Jahren betreibt Familie Maaß die Drogerie in der Auricher Fußgängerzone. Gegründet hat sie 1855 der Urgroßvater der heutigen Besitzerin Almuth Maaß. Optisch hat sich seitdem nicht viel verändert, Teile der Ladeneinrichtung und viele Dekoartikel wie eine Kaufmannswaage oder ein altes Sanostol-Werbeschild stammen tatsächlich noch aus dem 19. Jahrhundert. Was dem Laden ohne Zweifel das besondere Ambiente verleiht, soll aber nicht unbedingt im Fokus stehen. Almuth Maaß legt Wert darauf, kein Museum, sondern ein Verkaufsladen zu sein. »Die Einrichtung ist besonders schön und alt, aber alle Artikel im Sortiment sind natürlich neu«, betont sie. Das spezielle Sortiment der historischen Drogerie reicht von Holz- und Metallspielzeug über Porzellan bis hin zu Haushaltsartikeln wie Mottenkugeln, Kernseife und Wäscheklammern aus Holz. Dabei überrascht der Laden eben mit Produkten, die anderswo längst in Vergessenheit geraten sind. Wo gibt es noch Rasierpinsel aus Dachshaar, Tropfenfänger und Utensilien zur Weinherstellung? »Hier findet man viele Dinge, mit denen sich andere Läden schon längst nicht mehr beschäftigen«, erzählt Maaß. Die gelernte Softwareentwicklerin hat nach dem Tod ihres Vaters die Drogerie übernommen und sich beruflich damit komplett umorientiert. Zwischen Weckgläsern, Stövchen, Marmeladentrichtern und Kalkfängern und vor allem im Umgang mit ihren geschätzten Kunden fühlt sie sich nun sehr wohl.

In der Drogerie Maaß gibt es Stammkunden, deren Eltern und Großeltern hier schon eingekauft haben. Wenn das nicht echte Tradition ist!

Adresse Osterstraße 26, 26603 Aurich | **Öffnungszeiten** Mo–Fr 9.30–18 Uhr, Sa 9.30–14 Uhr | **Tipp** Nicht so traditionell, aber dafür fair trade: Im Weltladen in der Wallstraße 44 gibt es fair gehandelte Lebensmittel, handwerkliche Arbeiten, Spielzeug und Kosmetik aus aller Welt.

23 Die Eastfrisian Ducks

Von harten Kerlen und fliegenden Enten

American Football wird in Deutschland immer bekannter und beliebter. Rund um Ran-NFL, Coach Esume und Icke hat sich eine riesige Football-Community gebildet. Ebenso steigt die Zahl der aktiven Spieler. Und das auch in Aurich. Seit Anfang 2016 werfen sich hier die Eastfrisian Ducks als erstes American-Football-Team im Landkreis Aurich unter Headcoach Sven Ippen die Bälle zu. Ihr Schlachtruf »Wir stehen zusammen, wir fliegen zusammen, wir kämpfen zusammen, wir sind die Ducks!« ist nicht nur Kampfansage, sondern auch Leitspruch. American Football vermittelt wie kaum ein anderer Sport Attribute wie Zusammenhalt, Respekt, Fairness, Durchsetzungsfähigkeit und Kampfgeist. »Uns faszinieren vor allem der Teamgeist und die Leidenschaft, mit der jeder Einzelne auf dem Feld steht. Jeder ist für jeden da«, sagt Frank Alexander Donath, Vorstandsmitglied der Ducks.

Die erste Saison, in der die Ducks gegen wesentlich erfahrenere Gegner aus Oldenburg, Westerstede oder Hasetal antraten, ging mit einer für ein neu formiertes und unerfahrenes Team erfolgreichen Bilanz von zwei zu sechs zu Ende. Und die Auricher sind begeistert von ihren sportlichen Enten: Zu den Heimspielen auf dem Mehrzweckgelände des SC Tannenhausen kommen im Schnitt zwischen 300 und 600 Zuschauer.

Mittlerweile ist die Herrenmannschaft etwa 50 Mann stark, die Young Ducks haben 25 Mitglieder. Den Verein unterstützen außerdem die Magic Ducks, eine eigene Cheerleading-Gruppe.

Die Eastfrisian Ducks sind noch auf der Suche nach neuen Teamkollegen. Wer mit dem Gedanken spielt, Teil der Entenfamilie zu werden, sollte ruhig mal zum Probetraining gehen. »American Football ist lange nicht so gefährlich, wie man denkt«, erklärt Donath. Außerdem gebe es für jeden Körpertyp und jeden Charakter eine passende Spielerposition. »Beim American Football ist keiner zu groß, zu klein, zu dick oder zu dünn!«

Adresse Mehrzweckgelände Tannenhausen, Am Stadion 18, 26607 Aurich-Tannenhausen | **Anfahrt** Dornumer Straße, Oll Streek | **Öffnungszeiten** Infos zu Trainingszeiten und Tryout-Terminen unter www.eastfrisianducks.de | **Tipp** Echte Enten und viele andere heimische Tierarten gibt's in Birgits Tiergarten im etwa zehn Kilometer entfernten Rechtsupweg zu sehen.

24 Die Eierberge

Hügel von ostfriesischer Dimension

Große Wälder sind rar auf dem platten Land. Trotzdem sind die Ostfriesen auch diesbezüglich nicht zu unterschätzen. Die Auricher haben da beispielsweise den Wallinghausener Wald zu bieten. Dabei handelt es sich um einen Mischwald, der immer wieder durch heide- und dünenähnliche Flächen unterbrochen wird. Dass die klobigen, ovalen Erhöhungen, die sich dem erstaunten Spaziergänger in den Weg stellen, Eierberge genannt werden, nötigt so manchem aus höheren Gefilden stammenden Feriengast ein freundliches Lächeln ab. Doch auch hier sollte man mit Vorurteilen vorsichtig sein: Immerhin bezeichnet die Stadt Aurich einen dieser Eierberge, und zwar den von 14,50 Metern, offiziell als ihre höchste Erhebung.

Und auch die Geschichte hinter den Auricher Hügeln ist durchaus spannend! Die Eierberge sind nämlich nur ein kleiner Teil von aus der Eiszeit stammenden Dünen, die zwar heute vom Wald überwachsen, aber noch als grüne Hügelwellen erkennbar sind. Diese waren 1843 Grund für einen spektakulären Sandsturm, der sogar außerhalb Ostfrieslands Aufsehen erregte! Für die sogenannte Plaggenwirtschaft wurde damals die obere Bodenschicht abgestochen und als Stalleinstreu genutzt. Dadurch lag die Sandschicht der Dünen frei. Ein starker Sturm wirbelte den trockenen Dünensand auf, verdunkelte den Himmel über Ostfriesland, und die Auricher mussten ihre Häuser mit Schaufeln vom Flugsand befreien.

In den eiszeitlichen Dünen im Wallinghausener Forst befand sich auch eine Zeit lang der königlich-hannoversche Reitplatz. Heute noch sind die Wege und Freiflächen rund um die Eierberge für Reiter ein sehr beliebtes Ausflugsziel.

Ach ja, woher kommt eigentlich der Name Eierberge? Jedes Jahr an Ostern startet das berühmte Eiertrullern. Dann ritzen Kinder Kullerbahnen in den Sandboden ein und lassen ihre Ostereier von den Eierbergen rollen. Wessen Ei am weitesten kommt, der hat gewonnen.

Adresse Wallinghausener Wald, Parkplatz Kletterwald Dickfehler Weg 52, von dort zu Fuß | Anfahrt Hoheberger Weg in Richtung Pfalzdorf | Tipp Wer mal wirklich hoch hinauswill, der ist im benachbarten Kletterwald genau richtig. Auf schwankenden Holzbrücken und Drahtseilen ist ein Adrenalinkick garantiert!

25 Der Ems-Jade-Weg

Die schönste »Kuhrinne« der Welt

73 Kilometer quer durch Ostfriesland. Wer dieses Erlebnis möchte, um in der Mitte der malerischen Strecke in Aurich eine ausgedehnte Pause einzulegen, der sollte sich sein Rad schnappen und den Ems-Jade-Weg kennenlernen. Er führt von Emden über Aurich nach Wilhelmshaven. Die Route verläuft direkt entlang des Ems-Jade-Kanals, womit klar ist, dass dieses Naturerlebnis eine besondere Geschichte hat.

Mitte des 19. Jahrhunderts erwarb das Königreich Preußen am Jadebusen bei Wilhelmshaven ungenutztes Marschland in der Nähe der Außenjade, um an dieser Stelle einen Marinehafen anzulegen. Zur gleichen Zeit begann der Bau von Kasernen. Namensgeber dieser gern als »Retortenansiedlung« beziehungsweise »künstlich angelegter Hafen« bezeichneten Bauvorhabens war König Wilhelm von Preußen.

Um die strategisch bedeutende Verbindung an den Handelshafen Emden herzustellen, ordneten die Militärs zusätzlich den Bau eines quer durch ganz Ostfriesland verlaufenden Wasserlaufs an, womit die Geburtsstunde des Ems-Jade-Kanals gekommen war. Dieser Kanal hatte neben dem militärischen Auftrag auch die Aufgabe, die großen, in Ostfriesland gelegenen Hochmoorgebiete zur Urbanisierung zu entwässern. Baubeginn für das gigantische Vorhaben war 1882, 15 Jahre später meldeten die Erbauer Vollzug. Während die Marineadmirale mit stolzgeschwellter Brust zur feierlichen Eröffnung luden, winkte Reichskanzler Otto von Bismarck ab. »Wegen einer solchen Kuhrinne begebe ich mich doch nicht ins unwirtliche Ostfriesland«, soll er gesagt haben; ein Satz, den ihm die Ostfriesen bis heute übel nehmen.

Doch wenn er es doch nur gewusst hätte! Heute nämlich gilt der Ems-Jade-Weg als eine touristische Attraktion. Der Weg direkt am Kanal ist befestigt, teils gepflastert, es herrscht kein Verkehr. Aus der Bismarck'schen »Kuhrinne« ist somit ein überragendes Reiseerlebnis geworden.

Adresse Ems-Jade-Weg, zwischen Wilhelmshaven und Emden | **Anfahrt** Julianenburger Straße zum Neuen Hafen (Großes Sett) | **Tipp** Ein Abstecher in die Haxtumer Mühle lohnt sich nicht nur für diejenigen, die mit ihrem vierbeinigen Begleiter auf dem Ems-Jade-Weg unterwegs sind: Der Landhandel Ross hat neben Tier- und Gartenbedarf auch Lebensmittel und Naturkost im Angebot.

26 Die Erlebnisausstellung

Das EEZ: zwischen Futuristik und Energiewende

27 Millionen Euro hat das Projekt gekostet, dazu unzählige Stunden an Diskussions- und vor allem Überzeugungsarbeit. Seit 2015 steht nun das Energie-, Bildungs- und Erlebnis-Zentrum (EEZ) auf der grünen Wiese in Aurich-Sandhorst. Und immer noch gibt die hochmoderne Bildungseinrichtung jede Menge Anlass zu Kontroversen. Ob es da um die Besucherzahlen geht oder um die hohen Folgekosten; der Diskussionsstoff geht nicht aus.

Doch es gibt Fakten. Denn wer das Thema Energie ebenso hautnah wie wissenschaftlich fundiert erleben möchte, für den ist eine ausgedehnte Visite im EEZ Pflicht. Dabei gilt es nicht nur, die futuristische Architektur des Gebäudekomplexes zu bewundern. Im Inneren öffnen sich dem Gast neue Welten. Eine ganz besondere Abteilung ist die Erlebnisausstellung. Mit spannenden Experimenten, interessanten Spielen und überraschenden Exponaten geht es auf eine Entdeckungsreise der Marke 4.0: Zu Themen wie Erd-, Sonnen- und Windenergie bis hin zur Wasserkraft gibt es eine geballte Ladung an Information. Wer es übrigens schafft, in den unterschiedlichen Themenwelten spielerisch viele Punkte zu sammeln, kann in einer weiteren Animation seine persönliche Energiewende herbeiführen. Ein 360-Grad-Kino entführt die Besucher zudem in die große weite Welt der Energie, und im Innenhof erwarten die Gäste weitere spannende Experimentierstationen.

Fest verknüpft ist das EEZ mit dem in Aurich ansässigen und weltweit agierenden Windenergieunternehmen Enercon, das neue Technologien zur Erschließung der Windkraft entwickelt, produziert und exportiert.

Und da Enercon auch in die Schulung ambitionierter Fachkräfte viel Energie investiert, möchte sich das EEZ ebenfalls als außerschulischer Bildungsstandort etablieren. In enger Zusammenarbeit mit den Schulen der Region soll hier ein Meilenstein in Sachen Bildung und Weiterbildung gesetzt werden.

Adresse Osterbusch 2, 26607 Aurich-Sandhorst | Anfahrt Esenser Straße (B210) und Dornumer Straße | Öffnungszeiten Mo–Fr 9–17 Uhr, Feiertage und Sa, So 10–18 Uhr | Tipp Apropos Windenergie: Die Sandhorster Mühle an der Esenser Straße ist nur einen Flügelschlag weit entfernt. Führungen sind nach Absprache mit dem Verkehrsverein möglich.

27_Das Europahaus

Friedliche Gemeinschaft ohne Grenzen

Einsatz für Frieden und Demokratie. In Aurich hat dieses Vorhaben mit dem Europahaus längst seine feste Heimat gefunden. Hier wird seit 60 Jahren an der Erfüllung des Traums für Frieden in einer Gemeinschaft ohne Grenzen gearbeitet. Das ist auch gut so. Denn: Während die Narben nationalsozialistischen Größenwahns gerade mal wieder an vielen Stellen aufzuplatzen drohen, geht die friedliche Bildungsarbeit im Europahaus unverdrossen weiter.

Mit Blick auf die Versöhnung zwischen den Niederlanden und Deutschland hatte sich in Aurich 1956 zunächst die Deutsch-Niederländische Heimvolkshochschule gegründet. Seit 1970 trägt sie den Namen »Europahaus«. Dieser Titel soll das Streben nach einem friedlichen Zusammenleben in Europa zum Ausdruck bringen.

In der Mitte der Stadt treffen sich seitdem Jugendliche und Erwachsene, um Zukunftsperspektiven zu erarbeiten und den europäischen Friedensprozess mit Leben zu füllen. »Die Arbeit über Grenzen hinweg soll das Zusammenleben unterschiedlicher Nationen und Kulturen stärken und verbessern. Das Ziel wird greifbarer, wenn die Kursteilnehmer im Geiste der Toleranz und des Miteinanders ein Klima der solidarischen Unterstützung im Kleinen erleben«, bringen die Organisatoren die Leitlinie des Hauses auf den Punkt. So geht es in den Seminaren nicht nur um Fragen aus dem persönlichen, sondern auch aus dem gesellschaftlichen und beruflichen Umfeld. Politik, Ökologie, Wirtschaft, Geschichte und Kultur. Der Themenkatalog ist breit gefächert.

Leben und Lernen unter einem Dach, lautet die Devise. Das angenehme Umfeld innerhalb der Stadt Aurich und die gleichzeitige Nähe zu den Niederlanden füllen Begriffe wie Geborgenheit und Nachbarschaft mit Leben.

Die Seminarräume sind mit moderner Technik ausgestattet, die freundlichen Gartenanlagen bieten prima Voraussetzungen für freundschaftliche Begegnungen aller Art.

Adresse Von-Jhering-Straße 33, 26603 Aurich | **Öffnungszeiten** Infos zum Programm und zu Seminaren unter www.europahaus-aurich.de | **Tipp** Hier lohnt es sich tatsächlich, mal etwas weiter zu fahren. Die niederländische Partnerstadt Appingedam ist eine gute Stunde Autofahrt entfernt und definitiv einen Besuch wert.

28 Die Fürstliche Hofapotheke

Arzneikunde seit Cirksenas Zeiten

Der Apothekerberuf ist akademisch? Medikamente werden mit Autos ausgeliefert? Es gibt eine einheitliche Apothekenbetriebsordnung? Graf Enno III. von Ostfriesland und seine Fürstenfamilie Cirksena hätten wohl nur ungläubig die Köpfe geschüttelt, wenn sie gewusst hätten, was mal aus ihrer höfischen Apotheke werden würde. Die 1608 erstmalig urkundlich erwähnte Fürstliche Hofapotheke in der Burgstraße hat eine lange Tradition und eine bewegte Vergangenheit.

Anfang des 17. Jahrhunderts waren Apotheken in Deutschland nicht viel mehr als Gewürzkrämereien, die oft nicht nur Heilkräuter und Mixturen, sondern auch Kurzwaren und Genussmittel vertrieben. Der Lehrberuf Apotheker war eher handwerklich und kaufmännisch ausgerichtet als medizinisch, und Heilmittel durften nur mit Erlaubnis der Grafenfamilie an Fremde ausgegeben werden. Der Apotheker Johannes Petrus Scofius versorgte damals vor allem die Familie Cirksena und ihre Angestellten mit seiner Arznei. Überwacht wurden die Apotheken zur Zeit des Grafen durch die Hofmedici, die nur zum Teil akademisch ausgebildeten Ärzte des 17. Jahrhunderts.

Von 1608 bis heute hatte die Fürstliche Hofapotheke viele Besitzer. Darunter unter anderem ab 1697 Wilhelm-Friedrich Greems, der gleichzeitig auch Bürgermeister der Stadt Aurich war, und von 1908 bis 1933 Martin Stölting. Dessen Bruder hat die historische Apotheke das ostfriesische Wappen in der Giebelwand, welches deren fürstliche Vergangenheit zeigen soll, zu verdanken.

In der Fürstlichen Hofapotheke, die heute von Lars Bakker geleitet wird, erinnern neben der Fassade des Gebäudes auch Elemente der Inneneinrichtung an deren lange Tradition. Dennoch ist die Apotheke medizinisch und technisch auf dem neuesten Stand, so können beispielsweise Medikamente von zu Hause aus per App vorbestellt werden. Na, wenn man das 1608 Graf Enno III. erzählt hätte…

Adresse Burgstraße 11, 26603 Aurich | **Öffnungszeiten** Mo–Fr 8–18.30 Uhr, Sa 9–13 Uhr | **Tipp** Einfach mal nach oben gucken! Am H&M-Ladenlokal ein paar Häuser weiter ist ein schönes Justitia-Relief in Stein gemeißelt.

29_Der Garten Knospe

Harmonie in allen Farben und Formen

Nomen est omen. Der Garten von Brigitte und Klaus Knospe steckt voller Überraschungen. Die allenthalben bewunderte Anlage mitten in der ostfriesischen Wallheckenlandschaft steckt voller Romantik und vereint gleich mehrere Gartenbereiche und Sichtachsen. Um es vorwegzunehmen: Wer sich einen prallen Farbenrausch gönnen möchte, der sollte die Anlage von April bis September besuchen.

Der Garten Knospe befindet sich im Stadtteil Wiesens. Zu den ganz großen Hinguckern zählen unter anderem der großer Teich mit zwei Bachläufen, die Doppelrabatte mit historischen Rosen, die ausgedehnten Farbborders, der 50 Meter lange Laubengang mit Rosen und Clematis, der Hortensienweg, die Obstwiese und der kleine Waldgarten. Die Staudenvielfalt ist überwältigend. Nachdem Brigitte und Klaus Knospe 2006 das alte Landhaus mit dem knapp 5.000 Quadratmeter großen Grundstück gekauft hatten, schmiedeten sie gleich große Pläne. Klar, dass darin bereits alle heute vorhandenen Gartenbereiche aufgezeichnet wurden. Erklärtes Ziel dabei war, harmonische Gartenbereiche zu schaffen und ein Sammelsurium von kunterbunt zusammengewürfelten Arten und Formen zu vermeiden. Um das zu erreichen, legten die Knospes zum Beispiel die Staudenbereiche nach Farben an. Auch bereits vorhandene Rosen und Clematis wurden nach Farben zusammengestellt.

Natürlich sind mittlerweile eine Menge neuer Pflanzen hinzugekommen. Auf ihren Reisen durch die Niederlande, Belgien, Frankreich und vor allem durch England haben die Wiesenser Gartenspezialisten viele neue Pflanzenschätze kennengelernt. Dass sie diese mit nach Hause gebracht haben, ist selbstverständlich.

Der Garten ist in der Hauptanlage längst gestaltet, jedes Jahr werden trotzdem noch Teilbereiche verändert und optimiert. Wer also einmal eine echte Ablenkung vom grauen Alltag benötigt, ist im Garten Knospe bestens aufgehoben.

Adresse Osterfeldstraße 57, 26605 Aurich-Wiesens | **Anfahrt** Egelser Straße (L34), nach rechts in den Fenneweg, dann links in die Osterfeldstraße | **Öffnungszeiten** Besuchsregelung, geöffnet an fünf bis sechs Wochenenden April–Sept. oder nach Vereinbarung unter Tel. 04941/6990576; Eintritt drei Euro pro Person, Gruppen auf Anfrage | **Tipp** Wer immer noch nicht genug frische Luft und Natur hat, der kann auf dem Rückweg nach Aurich noch einen Spaziergang durch den Egelser Wald machen.

30__Das Graffito am Elisenhof

Moderne Kunst am ältesten Stadtbauernhof Aurichs

Passt das zusammen? Da ist der Elisenhof, der älteste Bauernhof im Stadtgebiet, und seine Fassade schmückt ein knallbuntes Graffito. Die Antwort lautet Ja! Und das sieht nicht nur Tim Write so, der das Bild 2018 gemalt hat. Die Hofbesitzer selbst kamen auf den Auricher Graffiti-Künstler zu und wollten »etwas Cooles, das aber Bezug zum Hof hat«, für ihre Hauswand. Entstanden ist ein modernes, buntes Graffito, das laut Tim Write die ganze Hoffamilie zeigt. »Die schicke Gans will lieber in die Stadt, der Hahn ist der böse Onkel, die Katze die Intellektuelle und der Hund der Jäger. Der Ganter ist der Coole, das Schwein der fleißige Vater, das Pferd die Hausmama, und das schwarze Schaf, das weiß es selbst nicht!«, erklärt der Sprayer sein Werk, an dem er mehrere Tage lang gearbeitet hat. »Aber natürlich darf das jeder interpretieren, wie er will.«

Tim Write ist Aurichs bekanntester Graffiti-Künstler. Schon mit elf Jahren kam er mit Graffiti in Berührung, als der Bruder eines Freundes das Garagentor seiner Familie besprühte. Tim Write begann früh, nicht nur klassische Buchstaben zu sprühen, sondern Graffiti als Kunst zu sehen und offen gegenüber verschiedenen Stilrichtungen zu sein. Der gelernte Altenpfleger hat neben dem Elisenhof schon einige Fassaden in Aurich bunter gemacht, zum Beispiel in der Friedhofstraße neben dem Häuptlingsspielplatz, am Lambertigemeindehaus oder am Jugendzentrum. Weitere Projekte, beispielsweise an der Middelburger Brücke, sind schon in Planung. Wer seine Wand mit einem Graffito verschönern lassen möchte, kann einfach Kontakt mit Tim Write aufnehmen. »So gut wie alles ist möglich«, sagt der Künstler, der seine Bilder übrigens auch in kleineren Formaten auf Leinwand anbietet und Bettlaken für Geburtstage und Jubiläen bemalt. Ostfriesische Tradition modernisiert, sozusagen. Wobei wir wieder beim Motto des Elisenhofs sind. Passt doch!

Adresse Am Auricher Hafen, Ecke Grüner Weg und Engeweg | Tipp Nicht nur, dass Tim Write auch hier beim Innendesign seine Finger mit im Spiel hatte, im Imbiss »Asiatung« in der Norderstraße 13 in der Innenstadt gibt's auch noch leckere vietnamesische und thailändische Küche.

31 Die Granitquaderkirche

Edzards Glockensprung in einer der ältesten Kirchen Ostfrieslands

Das ist schon eine bemerkenswerte Leistung, die die Bewohner von Middels im frühen 13. Jahrhundert beim Bau ihrer Kirche vollbracht haben. Denn das Mauerwerk des Gotteshauses besteht aus eiszeitlichen Granitblöcken. Diese zentnerschweren und meterdicken Ungetüme mussten, mit heute nicht mehr auszudenkenden eingeschränkten Hilfsmitteln, mühselig in Form gehauen und in das etwa eineinhalb Meter dicke doppelschalige Mauerwerk eingepasst werden. Die Granitquaderkirche ist mit ihren rund 800 Jahren eine der ältesten Kirchen Ostfrieslands. Im Laufe der Jahre mussten Schäden am Gebäude durch Backsteine ausgebessert oder Teile des Mauerwerks komplett abgetragen und ersetzt werden. Die Nordseite der Kirche ist aber in ihrer ursprünglichen Form weitgehend erhalten.

Den Stadtteil Middels gibt es seit dem frühen Mittelalter. Damals als Siedlung Midlestehm am Heer- und Handelsweg zwischen der Küste und Oldenburg gegründet, ist Middels heute mit seinen Teilorten Ogenbargen, Westerloog und Osterloog der am weitesten vom Stadtkern entfernte Ortsteil im Nordosten von Aurich.

Neben der aufwendigen Bauweise der Granitquaderkirche ist der Kirchturm eine weitere Besonderheit. Den Turm aus Backsteinen bauten die Middelser im 14. Jahrhundert nämlich frei stehend südwestlich der Kirche. Zu seiner Glocke von 1502 gibt eine spannende Anekdote: Diese zersprang damals mitten im Trauergeläut zum Tod von Carl Edzard 1744, woraufhin man dem neu gegossenen Geläut die Zeilen »Als man Carl Edzards Tod besang, verlor ich meinen ersten Klang. Drum bin ich wieder neuformiert, weil König Friedrich hier regiert.« verpasste.

Auch ein Gang ins Kircheninnere und ein Blick auf den Leuchter aus Metall über dem Mittelgang lohnen sich. Dieser ist nämlich das Abschiedsgeschenk eines Middelser Schmiedemeisters vor seiner Auswanderung nach Amerika im 19. Jahrhundert.

Adresse Alter Heerweg 24, 26607 Aurich-Middels | **Anfahrt** B210 (Esenser Straße) bis Middels-Westerloog, rechts in den Alten Heerweg | **Öffnungszeiten** Gottesdienste So 10 Uhr, Kontakt über den Verkehrsverein Aurich unter Tel. 04941/4464 | **Tipp** Tagsüber Kultur, abends abzappeln! In der 2019 neu eröffneten Diskothek Aurum in der Westerloogerstraße 12 in Middels kann man sich ins Auricher Nachtleben stürzen.

32 Der Güterschuppen

Solide Umstellung von Stück- auf Kulturgut

Ob ambitionierte Politiker im Wahlkampf, kluge Forscher im Rahmen der Wissenschaftstage, virtuose Musiker bei hochkarätigen Konzerten oder regionale Autoren bei ihrer feierlichen Buchpremiere: Der Güterschuppen Aurich hat seit etlichen Jahren seine Zweckbestimmung gründlich umgestellt. Vereinfacht könnte man sagen: weg von schnödem Stück- hin zu solidem Kulturgut.

Doch keine Frage. Natürlich hat auch der Auricher Güterschuppen eine ebenso lange wie ereignisreiche Geschichte vorzuweisen. Eingeweiht wurde er 1883 zusammen mit dem Bahnhof als offizieller Staatsbahnhof der Deutschen Reichsbahn, die von Aurich aus nach Emden führte. Doch da auch der Auricher Bahnhof nach der Aufgabe der Personenverkehrs als einer von vielen in Deutschland Ende der 1980er Jahre in der Bedeutungslosigkeit versank, machten die lokalen Politiker und Stadtplaner Nägel mit Köpfen: Sie erkannten die Chance, den alten Güterschuppen mit all den anderen Bahnhofsgebäuden dem unmittelbar angrenzenden Gymnasium zuzuschlagen und damit eine höchst intelligente Symbiose zu erzielen. So ist der Güterschuppen seit 1995 fester Bestandteil des Gymnasiums Ulricianum, übrigens dem größten seiner Art in Niedersachsen. Besonders für musikalische Veranstaltungen wird der Güterschuppen aufgrund seiner guten Akustik geschätzt. Bis zu 200 Personen finden hier Platz. Heute also wird munter Musik unterrichtet, wo seinerzeit die Bahnkunden der zweiten und dritten Klasse geduldig auf ihre Abfahrt warteten. »Mit dem Bahnhofsgebäude hat das Ulricianum dringend benötigte Musik- und Unterrichtsräume mit einer ganz besonderen Atmosphäre erhalten, aber auch eine räumliche Begrenzung, durch die sich ein ödes Schulgelände zu einem echten Campus gewandelt hat«, betonte Reinhard Donath 1996 in der Festschrift »350 Jahre Ulricianum«.

Das Bahnhofsgelände in Aurich: eine Gütergemeinschaft der besonderen Art eben.

Adresse Von-Jhering-Straße 15, 26603 Aurich | Tipp Für große Bahnfreunde: Das ehemalige Bahnwärterhaus der stillgelegten Bahnstrecke befindet sich am Ende des Wagenwegs in Walle und kann noch von außen besichtigt werden.

33 Der Hannes-Flesner-Gedenkstein

Rah'ster Jung un'n Stück Oostfreesland

Deutschland kannte ihn als den »fröhlichen Ostfriesen«. Hannes Flesner verkörperte in den 1970er Jahren, als die Ostfriesenwitze populär wurden, das Bild des trinkfesten und leicht naiven Ostfriesen. Mit seinen Schallplatten mit Ostfriesenwitzen und selbst getexteten Liedern war er überregional bekannt. Zwischen »Bottermelk-Tango« und »Teewalzer« inszenierte er sich und die typischen Ostfriesenklischees mit teils deftigem Vokabular auf Deutschlands Bühnen.

Aber Flesner war mehr als nur ein blödelnder Liedermacher, der sich und seine Heimat auf die Schippe nahm. Geboren 1928 in Rahester Moor, kam er schon in seiner Kindheit viel rum, lebte unter anderem in Bremen, Karlsbad und Lodz, machte sein Abitur am Ulrichsgymnasium in Norden. Nach dem Einsatz im Zweiten Weltkrieg arbeitete er als Bergmann in Nordrhein-Westfalen und begann dann seine journalistische Ausbildung beim Ostfriesischen Kurier. 1956 ging er zur Bild-Zeitung nach Hamburg, wo er Chef des Feuilletons wurde und hauptsächlich über Musik und Theater schrieb. Was viele nicht wissen: Flesner war außerdem einige Jahre PR-Chef der Plattenfirma Philips und schrieb Texte für verschiedene Schlagersänger, wie beispielsweise Vicky Leandros.

Hannes Flesner war mehr als ein schwergewichtiger Partysänger, der den etwas rückständigen Ostfriesen darstellt. Spätestens seit der »Hannes-Flesner-Renaissance« 1996, mehr als zehn Jahre nach seinem Tod, als seine Lieder auf CD erschienen, ist klar, dass der Liedermacher sehr wohl auch mal tiefgründigere und zeitkritische Töne anschlug. Flesner thematisierte beispielsweise den Umweltschutz und wollte nach eigenen Aussagen zum affirmativen Selbstverständnis der Ostfriesen beitragen sowie ostfriesisches Platt als Teil der Kultur Ostfrieslands würdigen. An der Schleuse Kukelorum in Rahe erinnert seit 1991 ein Gedenkstein an den Künstler.

Adresse Boomweg 26, 26605 Aurich-Rahe, auf dem Parkplatz des Ausfluglokals Kukelorum | **Anfahrt** Oldersumer Straße über Haxtum zum Rahester Moor | **Öffnungszeiten** jederzeit zugänglich | **Tipp** Das Grab des Liedermachers liegt auf dem Friedhof Osteel in der Gemeinde Brookmerland.

34 Der Häuptlingsspielplatz

Zutritt nur für echte Häuptlinge!

Spielen und dabei ganz nebenbei etwas über die Geschichte der Stadt erfahren. Das geht! Auf dem im Rahmen der Umgestaltung des Nürnburger Walls 2017 neu gebauten Kinderspielplatz lassen sich Vergnügen und Lernen ganz prima miteinander verbinden. Der Häuptlingsspielplatz mitten im Zentrum von Aurich steht, wie der Name schon sagt, ganz im Zeichen der ostfriesischen Häuptlinge und deren Bedeutung für Aurich. Am großen hölzernen Eingangstor mit dem fürstlich ostfriesischen Wappen beginnt die Reise in die Vergangenheit. Ab jetzt können sich die Kleinen wie ganz große Häuptlinge fühlen, wenn sie das Ritter-Karussell, den Balancier- und Kletter-Parcours, die Schaukelanlage und den Rutschenturm stürmen oder für ein Fotoshooting in die Rolle von Gräfin Theda oder Graf Ulrich I. schlüpfen. Besonders beeindruckend: die riesige Häuptlingsburg und die alte Postkutsche, natürlich mit Pferd. Der Spielplatz am Nürnburger Wall ist sehr phantasievoll und detailreich gestaltet. An alle kleinen Häuptlinge: Wer hat schon die neugierige schwarze Katze entdeckt?

Der Spielplatz wird mit seiner Gestaltung der historischen Bedeutung seines Standortes gerecht. Der Nürnburger Wall ist, neben dem Hohen Wall, der einzige heute in noch nahezu ursprünglicher Höhe erhaltene Teil der ehemaligen Verteidigungsanlage der Stadt Aurich. Die Ursprünge der Stadtbefestigung gehen auf das 15. Jahrhundert zurück. Der einstmalige Verlauf des historischen Stadtgrabens, der dem Wall vorgelagert war, ist auf dem Spielplatz durch ein etwa 90 Meter langes blaues Band aus Holzhackschnitzeln dargestellt. Weil der Nürnburger Wall als Naturdenkmal gilt, mussten die auf dem Spielplatzgelände vorhandenen alten Bäume in die Gestaltung integriert werden. Zum Glück!

Die vielen hölzernen Infotafeln auf dem Spielplatz liefern kindgerecht formuliertes Wissen rund um das Thema ostfriesische Häuptlinge.

Adresse Nürnburger Wall 4, 26603 Aurich | **Öffnungszeiten** immer geöffnet | **Tipp** Im Naturwarenhaus »Einhorn« in der Burgstraße gibt es unter anderem ganz tolles Holzspielzeug. Vielleicht ist ja auch ein Häuptling dabei!

35 Das Haus Bismarck

Hoher Besuch in der Regierungshauptstadt

Das hellgelbe Haus in der Emder Straße ist sicherlich eins der schönsten in Aurich. Es wurde 1850 erbaut und steht unter Denkmalschutz. Doch das Besondere an dem Gebäude, das sich seit 1921 im Besitz der Anwaltsfamilie Schapp befindet und das heute noch deren Kanzlei beherbergt, ist der prominente Gast, der hier vor über 150 Jahren residierte. Kein Geringerer als Fürst Otto von Bismarck (1815–1898), Ministerpräsident von Preußen und späterer Kanzler des Deutschen Reiches, besuchte Aurich und war für ein paar Tage Gast in der Emder Straße.

Nachdem die Preußen den Deutschen Krieg 1866 gegen den Deutschen Bund unter der Führung Österreichs gewonnen hatten, annektierten sie unter anderem Hannover, zu dem damals politisch auch Ostfriesland gehörte. Fürst Otto von Bismarck wollte zu diesem Anlass seine neuen Ländereien besichtigen. Seine Wahl für das Domizil fiel auf das Verwaltungszentrum Aurich.

Aber auch der Gastgeber war kein Unbekannter. Fürst Bismarck wurde im Haus von Carl Wilhelm Anton Erxleben empfangen, einem Politiker und hohen Verwaltungsbeamten. Dieser diente als Abgeordneter der Ständeverwaltung des Königreichs Hannover für die Städte Aurich und Esens und lebte daher in der damaligen Regierungshauptstadt. Bis 1867 war er sogar Regierungspräsident von Ostfriesland. Erxleben fungierte als Ansprechpartner für die Preußen, die neuen Herren des Landes, und gewährte ihnen daher selbstverständlich Unterkunft im familieneigenen Haus. Noch heute befinden sich die Protokolle der Gespräche zwischen Fürst Otto von Bismarck und Carl Erxleben im Besitz der Familie Schapp.

Am Eingang des Hauses hat die Familie eine Gedenktafel mit der Inschrift »In diesem Hause wohnte im Juni des Jahres 1869 der Baumeister des Deutschen Kaiserreiches Fürst Otto von Bismarck-Schönhausen. Zur bleibenden Erinnerung gestiftet 1. April 1907« angebracht.

Adresse Emder Straße 1, 26603 Aurich | **Öffnungszeiten** von außen zu besichtigen | **Tipp** Im unter Denkmalschutz stehenden Bahnanum, dem ehemaligen Auricher Kleinbahnhof von 1898 auf dem Gelände des Gymnasium Ulricianum, wird heute unterrichtet. Das historische Gebäude kann von außen besichtigt werden.

36 Das Haus Hanstein

Aurichs ältestes Haus

Manchmal fragt man sich ja, wie es wäre, wenn alte Gebäude Geschichten erzählen könnten. Welche Menschen haben in ihnen gelebt? Was ist um sie herum im Laufe der Jahre passiert, wie hat sich ihre Nachbarschaft gewandelt, und welchen schweren Zeiten haben sie eisern getrotzt? Ein Auricher Haus, das besonders viel zu erzählen hätte, ist das Haus Hanstein. Das älteste noch erhaltene Haus Aurichs mit mittelalterlichem Mauerwerk steht seit Jahrhunderten an der Ecke Burgstraße und Hafenstraße.

Das Hansteinsche Haus war nicht immer ein reines Wohn- und Geschäftshaus, sondern bei seiner Erbauung im 17. Jahrhundert das erste Gerichtshaus der Stadt, in dessen Erdgeschoss sich die Wohnungen der Gerichtsdiener befanden. Deswegen wurde es im Volksmund auch »Snappe« genannt (von Schnappen, Fangen, Gefängnis). Darauf weisen die heute noch vergitterten Kellerfenster deutlich hin. Im Laufe der Jahrhunderte beherbergte das Haus Hanstein zahlreiche namhafte Bewohner, darunter verschiedene Regierungsbeamte und Ratsherren. Einer davon gab dem Gebäude schließlich seinen heutigen Namen.

Das unter Denkmalschutz stehende Gebäude ist ein mittelalterliches Backsteinhaus mit zwei Stockwerken. Etwa 1700 ließ der Auricher Ratsherr Coop Broyels im Zuge eines Umbaus den Barockgiebel anbauen. Besonders markant: Die auffällig verzierten Fenster. Sogenannte Festons (französisch für »Girlande«) schmücken seither die Fassade des Gebäudes. Im Giebel sollen früher einmal eine Darstellung der Justitia mit Waage und Schwert und die Jahreszahl 1558 zu sehen gewesen sein. Das Gerichtshaus ist übrigens später in das Gebäude neben der Alten Kanzlei umgezogen. Davon zeugt heute noch das Justitia-Relief mit der Jahreszahl 1568 auf dessen Fassade.

Das Haus Hanstein liegt heute mitten in der Fußgängerzone. Im Erdgeschoss befinden sich Geschäftsräume und darüber Wohnungen.

Adresse Burgstraße 33, 26603 Aurich, in der Fußgängerzone | Öffnungszeiten von außen zu besichtigen | Tipp Im Café Philipp direkt gegenüber gibt es regionale Köstlichkeiten: Lassen Sie sich zur Ostfriesischen Teezeremonie ein Stück Ostfriesentorte oder Mehlpütt schmecken!

37 Der Haxtumer Speicher

Heimat und Kreativzone des Niederdeutschen Theaters

Mäzenatentum ist in Kunst und Kultur keine Seltenheit und hat schon oft vor dem Abgrund stehende Bühnen und Galerien auf der ganzen Welt vor dem sicheren Niedergang gerettet. Auch in Aurich hat jemand dafür gesorgt, dass der Vorhang nicht endgültig fällt: der Unternehmer Fritz-Werner Schüt. Dass sich mit ihm für das Niederdeutsche Theater in Aurich ein edler Spender fand, für den es eine Selbstverständlichkeit war, die heimische Theaterkunst zu unterstützen, ist für die Akteure vor Ort ein riesiger Glücksfall.

Viele Jahre lang hatten die Auricher Theaterleute ihre stets hervorragend besuchten Darbietungen im Ostfrieslandhaus aufgeführt. Doch als das frühere Soldatenheim 2014 dichtmachte, herrschte plötzlich akuter Handlungsbedarf. Wie gut, dass Fritz-Werner Schüt auf den Plan trat. Denn während die Amateurdarsteller fieberhaft nach einem neuen Domizil suchten, war er es, der ohne Zögern in die Bresche sprang und kurzerhand ein Lagergebäude seines Dienstleistungsunternehmens im Stadtteil Haxtum zur Verfügung stellte. Doch nicht nur das. Auch die Kosten für den Umbau und die umfangreiche Renovierung übernahm Schüt und machte so mit einem Handstreich nicht nur die Akteure des Niederdeutschen Theaters glücklich, sondern setzte damit auch einen Meilenstein in Sachen Pflege und Erhalt der niederdeutschen Sprache.

Denn platt wird gesprochen, wenn es auf der Bühne des Haxtumer Speichers zur Sache geht und immer wieder ebenso anspruchsvolle wie humorvolle Theaterliteratur auf die Bretter gezaubert wird. Damit die Struktur der Einrichtung stimmt, gibt es neben einer modernen Bühne nun auch Schminkzimmer, Requisitenraum, Toiletten, Küche und sogar Besprechungsräume.

Das Niederdeutsche Theater Aurich wurde übrigens 1923 als Spöldeel des Heimatvereins Aurich gegründet. Es zählt mehr als 70 Mitglieder, rund 40 davon sind aktiv auf den Brettern, die die Welt bedeuten.

Adresse Oldersumer Straße 152, 26603 Aurich-Haxtum | **Öffnungszeiten** Aufführungen laut Spielplan unter www.ndt-aurich.de | **Tipp** Hunger? Leckere mexikanische Spezialitäten gibt's im »El Gringo« nur ein paar Meter weiter in der Oldersumer Straße 54.

38 Das Historische Museum

Der Geschichte neuen Atem geben

Es soll ja immer noch Menschen geben, denen schon allein der Begriff Museum Angst und Schrecken einjagt. Vielleicht haben sie schlechte Erfahrungen gemacht, etwa weil sie Langeweile empfanden. Um es vorwegzunehmen: In Sachen Historisches Museum Aurich kann man da Entwarnung geben. Dort ist die Geschichte lebendig, dort sind Experten am Werk, die Zusammenhänge anschaulich erklären und die Eckpfeiler der Vergangenheit zum gegenwärtigen Ereignis machen.

Die Ausstellung im Historischen Museum Aurich macht das Bild von der ostfriesischen Geschichte vollständig. Sie erklärt nicht nur die Hintergründe der Friesischen Freiheit im Mittelalter. Sie erzählt auch von ostfriesischen Häuptlingen, Grafen und Fürsten, von europäischen Königen und von den deutschen Kaisern. »Unser Anspruch ist es, das örtliche Geschehen in die europäische Geschichte einzubetten und historische Aussagen verantwortungsvoll, wissenschaftlich überprüfbar und für alle verständlich darzustellen.« Das ist die Devise.

Bedeutende archäologische Funde zeigen Stationen der Stadtgeschichte: das Schwert vom Upstalsboom zum Beispiel, die Kugeltöpfe vom Großen Meer und ein verlorener Lederschuh zählen zu den teils spektakulären Zeugnissen der Auricher Geschichte.

Ein Grundsatz ist, Bewohner und Gäste aktiv ins Geschehen einzubinden. So gibt es das Erzählcafé. In gemütlicher Atmosphäre wird Kultur- und Zeitgeschichte mit den Erinnerungen der Teilnehmer verknüpft. Und: Weil es vielen Menschen im Landkreis Aurich wegen ihrer eingeschränkten Mobilität nicht möglich ist, die Ausstellungen zu besuchen, können diese das Museum einfach zu sich nach Hause zu holen. Dann kommen Museumsmitarbeiter mit einer Reisekiste, die ausgewählte Gegenstände enthält. Die Experten übernehmen dann die inhaltliche Gestaltung eines Nachmittags oder Abends im heimischen Wohnzimmer. Näher kann man Geschichte kaum noch bringen.

Adresse Burgstraße 25, 26603 Aurich | **Öffnungszeiten** Di–So 11–17 Uhr | **Tipp** Die »Alte Wache« ist ein historisches Gebäude in der Burgstraße 56. Wo früher das Burgtor mit den Wachsoldaten stand, werden heute griechische Spezialitäten serviert.

39 Ippe Janssen

Oder: Wie die Jeans nach Ostfriesland kam

Wer Ende der 1960er, Anfang der 1970er Jahre als Jugendlicher in Aurich was auf sich hielt, der trug sie, die Ippe-Jeans. Und weil der Exportschlager aus den USA schon seit den 1950ern für Protest gegen Autoritäten und Traditionen stand und die meisten Eltern beim Anblick des revolutionären Beinkleids die Hände über dem Kopf zusammenschlugen, tat die Auricher Jugend das vornehmlich heimlich.

In ganz Deutschland trafen sich die Schüler vor Schulbeginn in den Jeansläden, um heimlich ihre spießigen Hosen und Röcke gegen die angesagten Teile aus Denim-Stoff zu tauschen. Nach dem Unterricht zogen sich die Jugendlichen dann in den Textilgeschäften wieder um, um in dem vom Elternhaus bevorzugten Outfit heimzugehen. In Aurich war der Laden, der die Trendhose nach Ostfriesland brachte und zeitweise eher einem Jugendzentrum als einem Klamottengeschäft glich, ebender von Ippe Janssen.

Der gelernte Textilkaufmann eröffnete im April 1966 das »Spezialhaus Ippe Janssen« an der Esenser Straße, in dem er zunächst Berufsbekleidung anbot. Schnell nahm er aber die Blue-Jeans der Marke Mustang ins Sortiment auf. Die Jeans war zu dieser Zeit in Ostfriesland noch weitgehend unbekannt. Und so entwickelte sich aus dem kleinen Geschäft in den vergangenen 55 Jahren ein Store auf 350 Quadratmetern mit 4.000 Hosen unterschiedlicher Top-Marken und Größen von 25 bis 56 Inch auf Lager. Das mittlerweile in zweiter Generation von Ippes Tochter Ilka Janssen geführte Unternehmen ist nach wie vor die erste Adresse für Jeans in Aurich. Neben Jeans in allen Variationen bietet »Ippe Janssen« auch Hemden, T-Shirts und Blusen sowie Gürtel und Accessoires an. Hier findet wirklich jeder die passende Jeans, die nach wie vor eine absolute Trend-Klamotte und genauso beliebt wie in den 1960ern ist. Nur muss sich heute zum Glück niemand mehr zu Ippe schleichen, um sich heimlich umzuziehen.

Adresse Esenser Straße 24, 26603 Aurich | **Öffnungszeiten** Mo–Fr 9–18 Uhr, Sa 9–14 Uhr | **Tipp** Nur ein paar hundert Meter weiter am Ausgang der Osterstraße lädt das »Eckhaus« der Lebenshilfe Aurich zu Billard, Kicker und Gesellschaftsspielen ein.

40 Die Johannes-der-Täufer-Kirche

Die ältesten Kirchenglocken Ostfrieslands

Wiesens ist einer der größten und eher ländlich geprägten Stadtteile Aurichs und liegt am Ems-Jade-Kanal. Neben dem Tjedestein (siehe Ort 101) hat der gemütliche Ort mit etwa 1.500 Einwohnern eine weitere echte Sehenswürdigkeit zu bieten: die Johannes-der-Täufer-Kirche. Das Gotteshaus im Ortskern der Gemeinde gehört zu den historischen Kirchen Ostfrieslands, denn es stammt aus dem 13. Jahrhundert und ist somit eines der ältesten seiner Art. Die spätromanische Saalkirche, benannt nach einem der bedeutendsten Heiligen der christlichen Religionen, wurde aus Backsteinen erbaut. Die Kirche ist im Inneren eher schlicht ausgestattet, allerdings birgt es noch das Fragment eines romanischen Taufsteins aus der Zeit der Entstehung der Kirche sowie ein Kreuzigungsgemälde aus dem 17. Jahrhundert. Die Orgel stammt aus dem frühen 19. Jahrhundert, der Zeit des Klassizismus, von Johann Gottfried Rohlfs aus Esens und ist heute noch größtenteils erhalten. Die alte Backsteinkirche im Zentrum Wiesens kann außerdem einen historischen Fund verzeichnen: Zu Beginn des 19. Jahrhunderts fand man einen in der Kirche vergrabenen Topf mit Silbermünzen, die aus der Zeit um 1400 stammen.

Doch die eigentliche Besonderheit der Johannes-der-Täufer Kirche im Westen der Auricher Innenstadt ist ihr frei stehender Glockenturm. Denn dessen Kirchenglocke wurde etwa im Jahr 1250 zur Zeit der Erbauung der Kirche gegossen und wird heute noch geläutet. Somit ist sie die älteste noch im Betrieb befindliche Kirchenglocke in ganz Ostfriesland. Dem historischen Glockenturm sieht man sein beträchtliches Alter an: Das Gebäude ist im Laufe der vergangenen Jahrhunderte etwas abgesackt und neigt sich leicht zur Seite. Doch auch im 21. Jahrhundert läutet die Glocke der evangelisch-lutherischen Kirchengemeinde unbeeindruckt weiter und beschert dem kleinen Ort Wiesens damit einen echten Superlativ.

Adresse Langfeldweg 94, 26605 Aurich-Wiesens | **Anfahrt** Esenser Straße (L34) , nach rechts in die Wiesener Straße, von dort nach rechts in den Langfeldweg | **Öffnungszeiten** Gottesdienste immer So 10 Uhr, Kontakt Evangelische Kirchengemeinde Wiesens unter Tel. 04941/2384 | **Tipp** Im Vorgarten des Friedhofs steht ein Denkmal zu Ehren der Gefallenen der beiden Weltkriege.

41 Der Karl-Heinrich-Ulrichs-Platz

Kleiner Platz mit großer Bedeutung

Versteckt und unscheinbar liegt er, vom Parkplatz der Sparkassenarena umgeben und nur durch sein Straßenschild gekennzeichnet, an der Emder Straße. Der Karl-Heinrich-Ulrichs-Platz wird durch Standort und Ausstattung seiner eigentlichen Aussage nicht gerecht. Vermutlich wissen sogar die wenigsten, welche bedeutende Persönlichkeit sein Namensgeber war.

Der Auricher Karl-Heinrich Ulrichs wurde 1825 in Westerfeld (heute Stadtteil Kirchdorf) geboren. Er studierte in Göttingen und Berlin, arbeitete als Jurist, Journalist und Sprachlehrer. So weit, so unauffällig. Aber Ulrichs hat Großes geleistet. Er bekannte sich in einer Zeit, in der Homosexualität noch als Krankheit angesehen und strafrechtlich verfolgt wurde, öffentlich dazu, Männer zu lieben. Ulrichs verfasste Artikel über die gleichgeschlechtliche Liebe und forderte in einer Rede auf dem deutschen Juristentag 1867 deren Straffreiheit. Karl-Heinrich Ulrichs gilt damit als der erste bekannte Vorkämpfer für die Gleichstellung von Schwulen und Lesben.

Im August 2014 hat die Stadt Ulrichs das verdiente Denkmal in Form eines nach ihm benannten Platzes zugestanden. Und er strahlt auch aus dem Abseits, nicht zuletzt dank vieler engagierter Menschen, die für die Botschaft Ulrichs einstehen. So hat sich unter anderem der Verein LAND LuST e.V. für den Platz starkgemacht. Jedes Jahr startet hier der Straßenumzug des CSD Aurich, mit dem immer mehr Menschen für Offenheit und Toleranz gegenüber sexueller Vielfalt in der ländlich geprägten Region werben. 2018 wurde der CSD erstmals in das Auricher Stadtfest integriert und die Forderung nach Gleichstellung damit nicht nur für diesen Tag wieder ein Stück weiter in die Mitte der Gesellschaft gerückt. Karl-Heinrich Ulrichs, der vor dem zunehmenden staatlichen Druck nach Italien floh, wäre stolz auf seine Auricher.

Adresse 26603 Aurich, Parkplatz Sparkassenarena | **Öffnungszeiten** jederzeit zugänglich | **Tipp** Wer nicht nur auf dem nächsten CSD tanzmäßig eine gute Figur machen will, der ist in der Tanzschule von Astrid Löschen genau richtig. Nicht weit entfernt in der Von-Jhering-Straße stehen viele verschiedene Tanz- und Fitnesskurse auf dem Programm.

42 Das Kaufhaus am ZOB

Ein Secondhandladen mit sozialem Gedanken

Die Atmosphäre ist ein bisschen wie auf dem Flohmarkt. Hier ein Teeservice mit Goldrand, da ein Stapel Reclam-Bücher, in der Ecke eine fast schon antike Schreibmaschine, daneben der Ständer mit Abendkleidern. Im Kaufhaus am ZOB findet man wirklich von allem etwas. Kleidung, Bücher, Spielzeug, Hausrat. Alles gebraucht. Aber in so gutem Zustand, dass es noch ohne Weiteres benutzt werden kann. Das breit gefächerte Sortiment wird zu extrem günstigen Preisen angeboten. Bücher beispielsweise kosten je nach Seitenzahl maximal einen Euro. Das erklärte Ziel ist, dass jeder sich den Einkauf hier leisten kann, auch wenn er gerade keine großen finanziellen Mittel zur Verfügung hat. Das von der Diakonie, dem Caritasverband und der Stadt Aurich gemeinsam getragene soziale Kaufhaus arbeitet nicht gewinnorientiert, die Einnahmen aus dem Verkauf werden wieder in den Unterhalt des Ladens gesteckt.

Sozial, kreativ, freundlich. Das ist das Motto des Kaufhauses am zentralen Omnibusbahnhof mitten in der Stadt. Und nicht nur den Kunden mit kleinem Geldbeutel bietet das Projekt eine Perspektive. Im sozialen Kaufhaus werden außerdem Arbeitsplätze geschaffen. Arbeitslose Menschen haben hier die Möglichkeit, im Rahmen von »Zusatz-Jobs« wieder ins Arbeitsleben zurückzufinden. Zusammen mit Fachpersonal bieten sie das attraktive Sortiment zum Verkauf an.

Jeder kann mithelfen, das Projekt am Leben zu erhalten. Denn das Kaufhaus am ZOB lebt von Sachspenden, und alles, was im Laden angeboten wird, ist gespendet. Wer also gut erhaltene Wäsche, CDs, Möbel, Schuhe oder was auch immer hat und es nicht mehr braucht, kann es am ZOB vorbeibringen. Was der eine aussortiert, kann der andere gerade gut gebrauchen. So hat man nicht nur noch mal entrümpelt, sondern tut auch noch was für Umwelt und Mitmenschen. Und ein Einkaufsbummel lohnt sich auch. Hier findet wirklich jeder was.

Adresse Kleine Mühlenwallstraße 3, 26603 Aurich | **Öffnungszeiten** Mo–Fr 10–18 Uhr, Sa 10–14 Uhr | **Tipp** Direkt nebenan befindet sich ein echtes Auricher Traditionskaufhaus. In der Wohnboutique Fangmann gibt es besondere Möbel und Dekoration.

43 Das Kino

Ostfrieslands größtes Lichtspielhaus auf ehrwürdigem Grund

Der zehn Millionen Euro teure Kino-Neubau an der Emder Straße beeindruckt nicht nur von außen, wenn das große, moderne Gebäude abends in kräftigem Rot und Blau angeleuchtet wird. Der Ende 2017 eröffnete Spaßtempel ist mit seinen sechs Sälen, die insgesamt 1.100 Besuchern Platz bieten, das größte Kino in ganz Ostfriesland. Mit dem Filmpalast, mit einer hochmodernen Inneneinrichtung und neuester Filmtechnik ausgestattet, hat sich die Betreiberfamilie Muckli in Aurich ein Denkmal gesetzt.

Aber nicht nur sich. Denn das Kino steht auf historisch äußerst bedeutungsvollem Gelände. Wo heute unbeschwertes Kinovergnügen angeboten wird, befand sich früher die Landwirtschaftliche Auktionshalle, »Bullenhalle« genannt. Hier geschah Schreckliches. In der Pogromnacht des 9. November 1938 trieben die nationalsozialistischen SA-Truppen die jüdischen Männer Aurichs in der Bullenhalle zusammen, demütigten und quälten sie, bevor sie sie ins Konzentrationslager deportierten.

Doch Familie Muckli wird dem Anspruch, das Andenken an die Bullenhalle zu bewahren, mehr als gerecht. In Zusammenarbeit mit der Deutsch-Israelischen Gesellschaft Ostfriesland und mehreren Künstlern ist im Foyer des Kinos eine Wand mit Kunstobjekten zum Thema »80 Jahre Reichspogromnacht« und »Mahnung gegen den Rassismus« entstanden. Ein Werk zeigt den Grundriss der Bullenhalle überlagert von Schuhspuren, die den Fußmarsch der jüdischen Mitbürger darstellen sollen. Außerdem sind Luftaufnahmen des Auktionsgebäudes und die Liedtexte, die die Gefangenen damals zu singen gezwungen wurden, dargestellt. Modernes, unbeschwertes Filmvergnügen an einem Ort mit solch grausamer Vergangenheit? Ja, das geht. Sehr gut sogar. Weil das Kino die Geschichte und Erinnerungen an die Bullenhalle nicht zudeckt, sondern sie lebendig hält. Und damit alle Rechte und Chancen hat, ein Ort der Freude zu sein.

Adresse Emder Straße 5, 26603 Aurich | Öffnungszeiten Mo–Fr ab 16 Uhr, Sa, So ab 13.30 Uhr | Tipp Vor oder nach dem Kinobesuch sollten Sie sich im »Don A Roma« direkt nebenan stärken. Das im 30er-Jahre-Stil New Yorks eingerichtete Restaurant serviert Pizza und Pasta.

44 Die Kittel-Uhr

Erinnerung an ein Traditionsgeschäft

Da ist viel Zeit vergangen, bis die Uhr es zu ihrem Bestimmungsort geschafft hat. Aber nun tickt sie endlich in der Heimatstadt ihres Erbauers. Im Bürgermeistertrakt des Rathauses steht seit Ende 2019 das Meisterstück des Auricher Uhrmachers Friedrich Adolf Kittel. Die Standuhr stammt von 1831 – die Zahl ist auf der Rückseite eingraviert – und ist aus Eichenholz gefertigt, das allerdings so gebeizt wurde, dass es wie Mahagoni aussieht. Der Zeitmesser besteht aus etwa 50 Teilen und ist damit eher minimalistisch gebaut, aber sein schlanker Korpus ist kunstvoll gestaltet und mit einer vergoldeten Putte gekrönt. Laut Experten läuft die Uhr sehr präzise und hat Ähnlichkeit mit französischen Modellen der damaligen Zeit. Deshalb wird vermutet, dass der 1808 geborene Friedrich Adolf Kittel in Frankreich in die Uhrmacherlehrer gegangen ist. Sein Sohn, Adolf August Kittel (1846–1920), war übrigens einer der berühmtesten Chronometermacher Deutschlands und lehrte an der ersten Uhrmacherschule in Altona. Er brachte es zunächst zu großem Wohlstand, kehrte aber später verarmt nach Aurich zurück. Warum, ist nicht bekannt. Die Juwelier-Dynastie Kittel, die bereits seit Beginn des 18. Jahrhunderts in Aurich wohnhaft ist, führte jedenfalls bis zur Geschäftsaufgabe im Sommer 2019 ganze 124 Jahre lang ihr Traditionsunternehmen erfolgreich am Auricher Marktplatz.

Die Stadt Aurich hat es ein bisschen dem Zufall und viel Engagement zu verdanken, dass die historische Standuhr nun zurück in der Heimat ist. Sie stammt aus dem Besitz eines Privatmanns aus Hamburg, der die Kittel-Uhr einem Uhrmacher aus Westensee bei Kiel angeboten hat. Dieser hat die wertvolle Antiquität nach aufwendiger Restauration an die Fielmann AG übergeben, die durch eine Stiftung dafür sorgt, dass durch die Welt vagabundierende Kunst- und Kulturschätze wieder an ihren Bestimmungsort zurückgelangen.

Adresse Rathaus Aurich, Bürgermeister-Hippen-Platz 1, 26603 Aurich | **Öffnungszeiten** Mo, Di, Mi 8–15.30 Uhr, Do 8–18 Uhr, Fr 8–12.30 Uhr | **Tipp** Bleiben Sie noch ein bisschen. In den Räumen des Rathauses sind regelmäßig wechselnde Kunstausstellungen zu sehen.

45 Klangbild

Wo Körper und Geist zur Ruhe kommen

Klangmassage … Für Menschen, die zum ersten Mal davon hören oder alternativen Therapien eher kritisch gegenüberstehen, mag das zunächst komisch klingen. An alle Skeptiker: ausprobieren! Wer auf der Suche nach Entspannung ist, sollte sich auf das Experiment einlassen. In ihrer kleinen Praxis »Klangbild« in Walle bietet Sonja Behrends Klangmassage an. Dabei werden obertonreiche Klangschalen auf den bekleideten Körper aufgestellt und mit einem Filzschlegel sanft angespielt. Die Klangmassage hat ihren Ursprung im asiatischen Raum. Der deutsche Physiker Peter Hess hat nachgewiesen, dass sich die Töne und Schwingungen positiv auf den Körper und damit auch auf seelische Beschwerden auswirken können. »Bei einer Klangmassage wird jede Körperzelle mit einer Schwingung beschenkt. Das führt zu einer tiefen Entspannung, zum Loslassen und zur Regeneration. Es stärkt die Körperwahrnehmung und hebt die Stimmung«, erklärt Sonja Behrends. Die gelernte Diplom-Kauffrau hat in einer schwierigen beruflichen Situation selbst nach Entspannung gesucht und ist auf die Klangschalenmassage gestoßen. Die hat ihr so gutgetan, dass sie die Erfahrung auch an andere Menschen weitergeben wollte und am Peter-Hess-Institut in Hannover die Ausbildung zur Klangmassagenpraktikerin gemacht hat.

Behrends bietet außerdem Reiki an. Diese Behandlungsform kommt aus Japan, wobei »Rei« universell, »Ki« Lebensenergie bedeutet. Ein Reiki-Eingeweihter ist sozusagen der »Kanal« für universelle Energie und kann diese per Handauflegen auf den Klienten übertragen. Der Reiki-Gebende kann Zugang zum Unterbewusstsein erlangen, es entsteht ein Gefühl von Geborgenheit. Auch hier kommt es zu einer körperlichen und geistigen Entspannung.

Ach ja, noch mal an die Skeptiker: Sonja Behrends bringt regelmäßig ihr Fjordpferd Grisu mit Klangschalen und Reiki in die Tiefenentspannung. Und Tiere simulieren ja bekanntlich nicht …

Adresse Nordmoorweg 37, 26607 Aurich-Walle | **Anfahrt** Wallster Weg, Utlandshörner Straße, links in den Nordmoorweg | **Öffnungszeiten** Termine nach Vereinbarung unter Tel. 0177/4153221 | **Tipp** So entspannt, bietet sich noch ein Spaziergang durch das Georgsfelder Moor an. Hier stehen übrigens noch die Windräder der Firma Enercon, die zur Zeit ihres Aufbaus die höchsten Europas waren.

46 Das Kloster Meerhusen

Forsthaus auf klösterlichem Boden

Zugegeben, der Ort wirkt heute lange nicht mehr so spektakulär wie früher. Wer das Forsthaus Meerhusen im Auricher Stadtteil Tannenhausen sieht, ahnt wohl nicht, dass an seiner Stelle vor ein paar Jahrhunderten noch ein ganz anderes Gebäude seinen Platz hatte. Das Spannende an diesem Ort ist definitiv seine bewegte Vergangenheit. Denn das Forsthaus steht auf einem ehemaligen Klosterareal. Im heute rund 700 Hektar großen Meerhusener Forstgebiet lebten im Mittelalter Mönche und Nonnen.

Zwischen 1183 und 1198 gründeten die Benediktiner das Doppelkloster, dessen Name seinen Ursprung in der Lage zwischen den früheren Seen Oster- und Westermeer hat. Das Kloster Meerhusen ist, nach dem in Reepsholt, die zweitälteste klösterliche Niederlassung in ganz Ostfriesland. Der Benediktinerorden soll dem Klosterverband des heiligen Hatebrand, Abt des Konvents Feldwirth bei Appingedam, angehört haben. Dieses gilt als Mutterkloster der ostfriesischen Klöster.

Zu Beginn des 13. Jahrhunderts führten die Nonnen die Geschicke der Abtei allein weiter, als das Kloster in den Zisterzienserorden aufgenommen wurde. Dieser duldete nämlich keine Doppelklöster, und so wanderten die Mönche nach Ihlow ab. Das kleine Kloster bestritt seinen Lebensunterhalt damals auf etwa 1.500 Hektar Weideland hauptsächlich über die Schafszucht.

Während der sächsischen Fehde 1514 erlitt Meerhusen schwere Schäden, dennoch wurde es noch einige Jahre als Nonnenkonvent weiterbetrieben. Später wurde es als Armenhaus genutzt, dann errichtete Gräfin Anna auf dem Klosterareal ein Jagdschloss. Seit Beginn des 19. Jahrhunderts steht auf dem klösterlichen Boden ein Forsthaus. Bei archäologischen Grabungen der Ostfriesischen Landschaft 1958 fanden sich Reste eines Fliesenbodens und des Apsisfundaments sowie einige Bestattungen in Backsteinkisten und Importkeramik aus dem 15. Jahrhundert.

Adresse Forstweg 3, 26607 Aurich | **Anfahrt** über die Esenser Straße (B210), links in den Esenser Postweg abbiegen und dann zu Fuß weiter auf dem Forstweg | **Öffnungszeiten** Privathaus, nur von außen zu besichtigen | **Tipp** Die beeindruckende Rekonstruktion einer ehemaligen Klosterkirche findet man in der Nachbargemeinde Ihlow, außerdem einen Ausstellungsraum mit archäologischen Funden und einen großen Klostergarten.

47_Das Kluntje

Jede Menge Spaß in der Boulderhalle

Wer nicht weiß, was »bouldern« ist, der sollte dringend mal nach Aurich kommen. Seit 2017 kann man diesen Sport nämlich im »Kluntje« betreiben. Um die Sache nicht allzu kompliziert zu machen und sie auf den Punkt zu bringen: In einer Boulderhalle kann man klettern, und »Kluntje« heißt die Halle, weil die Klettersteine, an denen man sich festhalten kann, die Form von Kluntje haben, also den Kandiszuckersteinen für den Ostfriesentee ähneln. Das »Kluntje« befindet sich im ehemaligen Auricher Ostfrieslandhaus, welches viele Jahre als Soldatenfreizeitheim diente. Dort hatten einst viele Vereine und Gruppen ihr Zuhause.

Fest steht jedenfalls: Die Auricher Boulderhalle kann sich sehen lassen: Sie verfügt über satte 500 Quadratmeter Wandfläche mit mehr als 160 Routen. Im »Kluntje« können die Besucher aber nicht nur nach Herzenslust klettern. Die vorwiegend jungen Leute haben die Möglichkeit, in der Lounge zu chillen, Kaffee oder Tee zu trinken, zu kickern und zu kegeln.

Der Begriff Bouldern stammt übrigens aus dem Englischen und bedeutet Felsblock. Bouldern beschreibt also das Klettern ohne Seile und Gurte an Felsblöcken oder an künstlichen Kletterwänden in Absprunghöhe. Falls mal etwas schiefgehen sollte, dann ist das kein Beinbruch. Man landet in der Auricher Halle auf weichen, dicken Matten.

Das Auricher Kluntje-Angebot ist sehr umfangreich: Es gibt Boulder-Kurse für Einsteiger und Fortgeschrittene, auch Kindergeburtstage können hier gefeiert werden. Gern wird die Gelegenheit, sich sportlich zu betätigen, auch von Schulen oder anderen Gruppen wahrgenommen. Jugendliche unter 18 Jahren benötigen eine Einverständniserklärung ihrer Eltern. Das Mindestalter beträgt fünf Jahre. Nach oben gibt es dagegen keine Grenze. Zum Bouldern reicht bequeme Kleidung, Schuhe kann man sich ausleihen oder natürlich die eigenen Kletterschuhe mitbringen.

Adresse Weddigenstraße 5, 26603 Aurich | Öffnungszeiten Mo–Do 16–21 Uhr, Fr 15–20 Uhr, Sa 10–20, So 10–18 Uhr, Tel. 04941/9238491 | Tipp Wer lieber tief runter- statt hoch hinausmöchte, ist im Tauchclub Beluga gut aufgehoben. Der Verein bietet »Schnuppertauchen« im Freizeitbad »De Baalje« an, das Vereinsheim befindet sich in Plaggenburg.

48 Köhlers Forsthaus

Neuer Fixpunkt für Oldtimer-Freunde

Aurich hält viele Überraschungen bereit, und zu denen gehört zweifelsohne das Vier-Sterne-Hotel Köhlers Forsthaus im Stadtteil Wallinghausen. Nicht nur die Nähe zur Nordseeküste und die direkte Lage am Waldrand macht das Wellness- und Gartenhotel interessant. Auch die Küche genießt einen ausgezeichneten Ruf, hinzu kommen die besonderen individuellen Angebote.

Zuvor noch ein kurzer Blick in die Geschichte, die ins Jahr 1974 zurückreicht, als Klaus Köhler das kleine Hotel mit den seinerzeit zehn Zimmern kaufte. Der Aufstieg in die gehobene Klasse ließ sich von da an nicht mehr aufhalten. Bereits 1979 war Köhlers Forsthaus das erste Hotel mit Schwimmbad in Ostfriesland. Und nachdem Sohn Frank den Betrieb im Jahr 2000 übernommen hatte, führte er es mit der 2005 entwickelten »Wohlfühl-Welt« von Christa Möllers zu einem äußerst schicken Wellnesshotel fort, das seit 2007 im Relax Guide mit einer Lilie und 13 Punkten ausgezeichnet ist.

Ein besonderes Angebot richtet sich an die Oldtimer-Freunde. Hier geht es darum, Ostfriesland auf kleinen Straßen zu erkunden, mal hinterm Deich, mal durch Wiesen und Wälder, Moorlandschaften und durch die beschaulichen Fehngebiete. Also: weg vom Rausch der Geschwindigkeit, hin zur unmittelbaren Entschleunigung.

Diese außergewöhnliche Offerte ist für diejenigen vorgesehen, die allein, im kleinen Freundeskreis oder mit ihrem Oldtimer-Club die Weite Ostfrieslands kennenlernen möchten. Diesbezüglich gibt es diverse Streckenangebote, wie zum Beispiel die Küstentour zwischen Wilhelmshaven und Emden (170 Kilometer) oder die Burgen- und Schlösser-Tour (190 Kilometer). Diese Touren sind nicht geführt, die Teilnehmer sind mit dem Roadbook und dem exklusiv zur Verfügung gestellten Kartenmaterial des Hotels mit eigenen Fahrzeugen unterwegs; ein Vergnügen, das sich immer mehr Gäste nicht entgehen lassen möchten.

Adresse Hoheberger Weg 192, 26605 Aurich-Wallinghausen | Tipp Köhlers Forsthaus liegt direkt am Wallinghausener Wald. Hier bietet sich ein Spaziergang an!

49 Das Kukelorum

Die einzige Schankwirtschaft am Ems-Jade-Kanal

Eine der fünf Schleusen des Ems-Jade-Kanals ist die Schleuse Kukelorum in Aurich-Rahe. 1886 in Betrieb genommen, überwindet die 55 Meter lange Doppelschleuse einen Höhenunterschied von zwei Metern und kann seit ihrem Umbau 2007 auf einer Klappbrücke überquert werden. So viel zu den baulichen Fakten. Die nunmehr über 130 Jahre alte Schleuse, die heute hauptsächlich von Ausflugsbooten genutzt wird, hat eine lange Tradition. Genau wie das Gasthaus Kukelorum direkt an der Schleuse, dem einzigen seiner Art am gesamten 72 Kilometer langen Ems-Jade-Kanal zwischen der Ems bei Emden und dem Jadebusen bei Wilhelmshaven.

Das historische Schleusenwärterhaus in Rahe wurde 1890 erbaut. Aufgabe des Schleusenwärters war es, von seinem Dienstzimmer aus den Kanal zu beobachten, um ankommende Schiffe frühzeitig zu sehen. Aus den Worten »kieken« (plattdeutsch »gucken«) und »luren« (»warten«) ergab sich schließlich der Name für Schleuse und Schleusenwärterhaus: Kukelorum. Um sich und seiner Familie den Lebensunterhalt sichern zu können, wurde dem Schleusenwärter eine Schanklizenz erteilt. Und so blickt auch die heutige Gaststätte Kukelorum genau wie die Schleuse selbst auf eine lange Geschichte zurück. Und das, obwohl es damals Otto von Bismarck keine Reise zur Eröffnung des Ems-Jade-Kanals wert war: »Wegen einer Kuhrinne« begebe er sich nicht nach Ostfriesland, soll der damalige Reichskanzler gesagt haben.

Die schon vom Auricher Liedermacher Hannes Flesner besungene Gaststätte (»Bi't Kukelorum an't Rahster Verlaat«) an der historischen Schleuse ist seit Jahren ein beliebtes Ausflugs- und Veranstaltungslokal für Einheimische und Urlauber geworden. Das ehemalige Schleusenwärterhaus bietet inzwischen Feriengästen Platz. Auch wenn sich heutzutage die Boote digital und fast von selbst ankündigen: »kieken« und »luren« am Kukelorum ist immer noch eine ganz tolle Idee.

Adresse Boomweg 26, 26605 Aurich-Rahe | **Anfahrt** Oldersumer Straße über Haxtum zum Rahester Moor | **Tipp** Wer mal den ostfriesischen Nationalsport Boßeln ausprobieren möchte, kann das auf der direkt am Kukelorum vorbeiführenden Trainingsstrecke tun.

50 Der Kunstscheuerpfahl

Praktische Kunst auf Aurichs Weiden

»Die Ostfriesen müssen ihre Kühe sehr lieben, stellen sie ihnen doch Kunstwerke als Scheuerpfähle auf die Weiden!« Die Aussage des Malers und Skulpturenbauers Hans-Jürgen Huss aus Nordrhein-Westfalen stimmt. Die Ostfriesen lieben ihre Tiere, und sie lieben eben auch die Kunst. Deswegen haben sie auf den Viehweiden entlang des Ostfrieslandwanderwegs 2011 die sogenannten Kunstscheuerpfähle aufgestellt. Auch Hans-Jürgen Huss hat einen von ihnen entworfen, und zwar das »Horntier« in Rhauderfehn. Auf dem Gebiet der Stadt Aurich stehen fünf der insgesamt 24 Kunstobjekte. Hier präsentieren die Künstler Vitor Ramos in Sandhorst (»Ambivalenz«), Karina Cooper und Thorsten Schütt in Ogenbargen (»Grashalme« und »Himmelsrichtungen«), Renate Ruck in Middels (»Picasso«) und Franziska Dose in Schirum (»Gestapelte Findlinge«) ihre Werke. »Gestapelte Findlinge« beispielsweise ist eine 2,40 Meter hohe Konstruktion aus Eiche und steht auf einer Weide zwischen dem Radwanderweg und der Leerer Landstraße in der Nähe eines kleinen alten Bauernhofs.

Der Ostfrieslandwanderweg ist der längste und der älteste Wanderweg Ostfrieslands und Teil des Europäischen Fernwanderwegs E9. Teilweise verläuft er auf der Strecke der ehemaligen Kleinbahn Leer–Aurich–Wittmund, die bereits Ende 1969 stillgelegt wurde. Der genau 96,37 Kilometer lange Wanderweg, auf dem man nur zwölf Meter Höhenunterschied überwinden muss, führt von Rhauderfehn über Leer, Hesel, Großefehn, Holtrop, Aurich und Esens und endet in Bensersiel direkt an der Nordsee.

Zum großen Teil auf dem Ostfrieslandwanderweg laufen jedes Jahr im Mai die Teilnehmer des »Ossiloop«. In sechs Etappen in drei Wochen legen mittlerweile über 3.000 Läufer die insgesamt 64,7 Kilometer lange Strecke zurück. Dabei wechselt jährlich die Richtung: Mal geht's »Von Leer bis ans Meer« und mal »Vom Meer bis nach Leer«.

Adresse Leerer Landstraße 115, 26605 Aurich-Schirum | Öffnungszeiten jederzeit zugänglich | Tipp Ganz klar: Alle Kunstscheuerpfähle sind einen Besuch wert! Einfach dem Ostfrieslandwanderweg folgen.

51 Die Kunstscheune

Viel Farbe und echte Denkanstöße

Die Tür zur Kunstscheune in Rahe öffnet sich durch das Betätigen eines alten Milchzapfhahns. »Sinne tanken!« ist das Motto von Roolf Ahrends. In seinem Künstlersperrgebiet, wie auf dem bunten Schild am Eingangstor zu lesen ist, erwartet den Besucher ein breites Spektrum an Malerei in rustikalem Scheunenambiente.

Der gelernte Maler und Lackierer begann seine künstlerische Laufbahn mit dem Malen von Hummelfiguren, legte dann allerdings eine etwa 20 Jahre lange Schaffenspause ein und konzentrierte sich auf seinen Beruf als Landwirt. Erst vor vier Jahren begann er wieder mit der Malerei, im Juli 2018 eröffnete er die Kunstscheune. »Als ich den Hof aufgegeben habe, war mir langweilig, vor allem im Winter«, scherzt Ahrends.

Was man aufgrund der recht stadtfernen Lage der Kunstscheune am Ende des Ortsteils Rahe nicht vermuten würde: Das Atelier lebt zum großen Teil von Laufkundschaft. Vor allem Fahrradgruppen, aber auch Spaziergänger und Boßler statten der Scheune meist spontan einen Besuch ab.

Mit viel Humor und sehr informationsreich führt Roolf Ahrends durch seine Ausstellung. Dabei geht es aber nicht immer nur um bunte Farben und niedliche Tierbilder. Der Künstler verarbeitet in seinen Werken durchaus auch Themen, die zum Nachdenken anregen. Mit teils versteckten Hinweisen in seinen Bildern, aber auch offensichtlich mit einigen Eiseninstallationen spricht er gesellschaftskritische und politische Probleme wie Umweltschutz, Weltfrieden und die Blindheit der Menschen an. Das nach eigenen Angaben aussagekräftigste Werk in der Kunstscheune ist eine Eiseninstallation in Form einer Steinschleuder. »Erinnerung an dein Gewissen« soll darstellen, wie die Menschen nach Geld und Macht streben und dabei den Frieden aus den Augen verlieren. Eine Kombination aus Kreativität mit Farbe und zeitgemäßen Denkanstößen: Das Konzept »Sinne tanken!« der Kunstscheune überzeugt.

Adresse Rahester Moor 47, 26605 Aurich-Rahe | **Anfahrt** Oldersumer Straße über Haxtum und den Boomweg | **Öffnungszeiten** auf gut Glück klopfen, Führungen für Gruppen nach Vereinbarung unter Tel. 04941/10944 | **Tipp** Keine fünf Gehminuten entfernt bietet die Imkerei Bogena regionale Honigsorten aus eigener Herstellung und viele andere Produkte aus dem Bienenstock an.

52 Der Lambertiturm

Einzigartige Tradition im Wahrzeichen der Stadt

Mit seinen 35 Metern Höhe thront er über der Auricher Innenstadt und prägt das Stadtbild eindeutig als das offizielle Wahrzeichen: der Lambertiturm. Der etwas abseits der klassizistischen Lambertikirche stehende Turm, der zur Zeit seiner Erbauung im 13. Jahrhundert nur etwa zehn Meter plus Satteldach maß, wurde 1656 durch den Aufbau eines zweiten Geschosses und des Turmhelms auf seine heutige Höhe gebracht.

Im Lambertiturm wird ein in ganz Ostfriesland einzigartiger Brauch gepflegt, das Beiern. Dabei wird die Glocke nicht durch Schwingen geläutet, sondern sie hängt unbewegt, wobei der Klöppel in festgelegten Rhythmen mit einem Seil an den Glockenmantel gezogen und die Glocke so manuell angeschlagen wird. Das Beiern ist ein jahrhundertealter Brauch, der früher in vielen Gemeinden in Nordwesteuropa verbreitet war. Als letzte in Ostfriesland hält die evangelisch-lutherische Lamberti-Gemeinde diese Tradition aufrecht. Hier wird am Tag vor dem 1. Advent, vor hohen Festtagen wie Ostern, Pfingsten und Weihnachten und an Silvester und Neujahr gebeiert. Die älteste und größte Glocke des Turms, der dem heiligen Lambert gewidmet ist, stammt übrigens von 1717 und ist ein Werk des ostfriesischen Glockengießers Mammeus Fremy.

Das ist nicht alles. Der Lambertiturm birgt noch eine historisch bedeutende Besonderheit, bei der mal wieder ein Mitglied der Grafenfamilie Cirksena seine Finger im Spiel hat. Denn dass die Betglocke heute noch täglich um 8 und um 16 Uhr schlägt, geht tatsächlich auf eine Verordnung des Grafen Ulrich II. zurück. 1641 machten die Auricher im vereisten Stadtgraben eine schaurige Entdeckung, nämlich rote Streifen, die sie für Blut hielten. Vermutlich handelte es sich um eine Moosart, aber damals glaubten die Menschen an ein Zeichen göttlichen Zorns. Daraufhin ordnete Graf Ulrich an, Gott mit dem Glockenschlag zweimal täglich um Gnade anzurufen.

Adresse Kirchstraße 3, 26603 Aurich | **Tipp** Am Lambertiturm starten regelmäßig außergewöhnliche Stadtführungen mit den Kulturgesichtern Katja Druivenga und Reenste Cornelis. Termine und Infos auf www.kulturgesichter.de.

53 Die Landschaftsbibliothek

Das Gedächtnis Ostfrieslands

Sie ist gewiss keine Bibliothek wie jede andere, und ihre Anfänge gehen in die Zeit um 1600 zurück, als die ostfriesischen Landstände sich eine eigene Handbibliothek zulegten. Erstmals erwähnt wurde die Landschaftsbibliothek 1696, der erste Katalog datiert aus dem Jahr 1797.

Doch erst zu Beginn des 19. Jahrhunderts wurde der Büchertempel als Einrichtung der ehrenwerten Kultur-, Wissenschafts- und Bildungsinstitution »Ostfriesische Landschaft« für die Öffentlichkeit zugänglich. Das erste Bibliotheksgebäude wurde 1963 bis 1964 mit Zuwendungen der Volkswagen-Stiftung erbaut. Außerdem wurde eine pädagogische Abteilung eingerichtet. Das erste Bibliotheksgebäude war für eine Kapazität von 100.000 Bänden berechnet. Dieses war allerdings schon in den 1980er Jahren am Limit.

Der ganz große Durchbruch kam Anfang der 1990er Jahre, als mit finanzieller Unterstützung durch das Land Niedersachsen und die Niedersachsenstiftung die Errichtung eines großzügigen und mehrfach preisgekrönten Bibliotheksneubaus vollzogen wurde. Hier ist nun Platz für bis zu 40.000 frei zugängliche Bände. Insgesamt liegt die Kapazität mittlerweile bei 265.000 Bänden. Jedes Jahr werden rund 3.000 Neuerwerbungen geordert. Zusammen mit dem Auricher Staatsarchiv bildet die Landschaftsbibliothek längst das »Gedächtnis Ostfrieslands«, wie die Organisatoren stolz betonen.

Die Landschaftsbibliothek verfügt über Kopier-, Mikrofiche-Lesegerät, Readerprinter, Online-Kataloge und WLAN. Seit 1987 gehört die Landschaftsbibliothek dem Niedersächsischen Bibliotheksrechenzentrum in Göttingen an, um so Fernleihe und Katalogisierung online im Verbund zu regeln. Viele Medien können kostenfrei entliehen werden. Alle Bestände lassen sich aber auch vor Ort im Lesesaal und in den Seitenbereichen nutzen. Zur ungestörten Arbeit ist zudem die Reservierung einer von vier praktischen Arbeitskabinen möglich.

Adresse Fischteichweg 16, 26603 Aurich | Öffnungszeiten Di–Fr 10–18 Uhr, an gesetzlichen Feiertagen geschlossen | Tipp Wer nach so viel Ostfriesland zumindest kulinarisch ein anderes Land erleben möchte, dem ist das Restaurant »Nuevo« in der Marktstraße 26 wärmstens zu empfehlen. Hier gibt's leckere spanische und mexikanische Spezialitäten.

54 Der Lyrische Pfad

Der Trimm-dich-Pfad für Geist und Seele

»Wenn man liest, holt man sich die Welt nach Hause und muss nirgendwo mehr hin!«, sagt Heidrun Weber, Gründerin des Vereins Lesetoll in Aurich. Der Verein zur Leseförderung und Lesemotivation besteht seit 2008 und hat mittlerweile über 60 Mitglieder. Neben verschiedenen Projekten rund ums Lesen und regelmäßigen Vorleseabenden in der Buchbar (siehe Ort 17) lesen einige Mitglieder außerdem ehrenamtlich in Seniorenheimen, Krankenhäusern und Kindergärten vor.

Das bisher beste Projekt des Vereins zur Leseförderung ist laut Heidrun Weber der Lyrische Pfad. Seit November 2011 findet man im Wallinghausener Wald unweit der Gaststätte »Mutter Janssen« 40 Stelen mit verschiedenen Gedichten, die entlang des Trimm-dich-Pfads aufgebaut sind. Aber wie entstand die Idee, mitten im Wald zwischen Bäumen und Sträuchern Gedichte zu präsentieren? »Im Wald hat man Zeit und Ruhe zum Lesen, und außerdem gibt es viel Naturlyrik, das passt!«, sagt die Initiatorin des Lyrischen Pfads. Neben dem Lesen habe man so auch noch Bewegung und frische Luft. Der Trimm-dich-Pfad sei für die körperliche Betätigung da, der Lyrische Pfad für die geistige.

Die Gedichte sind auswechselbar. Etwa vier Mal im Jahr werden sie ausgetauscht. So erwarten den lyrikbegeisterten Spaziergänger immer wieder neue Gedichte. Bisher haben sich Vereine wie der Kunstverein, Schul- und Kindergartenklassen und auch einige Privatpersonen an der Gestaltung des Lyrischen Pfads im Auricher Wald beteiligt. Und jeder, der Freude am Schreiben und Dichten hat, darf die Stelen gern mitgestalten.

Warum ist den Mitgliedern von Lesetoll die Leseförderung eigentlich so wichtig? »Leseförderung ist auch Sprachförderung. Und unsere Sprache ist im Grunde das einzige, was den Menschen vom Tier unterscheidet«, sagt Heidrun Weber mit einem Augenzwinkern. Also, Menschen, auf in den Wald zum Lyrischen Pfad!

Adresse Wallinghausener Wald, Parkplatz Kletterwald, Dickfehler Weg 52, 26605 Aurich-Wallinghausen | Anfahrt über Hoheberger Weg | Öffnungszeiten jederzeit zugänglich, Kontakt über den Verein Lesetoll, Tel. 04941/3458 | Tipp Wer sich nicht nur geistig, sondern auch körperlich betätigen möchte: Im Wallinghausener Wald gibt es auch einen klassischen Trimm-dich-Pfad!

55 Das MachMitMuseum

Alles, nur nicht langweilig!

Habt ihr Lust, heute ins Museum zu gehen? Diese Frage kommt bei den allermeisten Kindern, ob im Alltag oder im Urlaub, auf Anhieb nicht ganz so gut an. Meist sind Schwimmbad, Kino und Co. die beliebteren Alternativen. Woran liegt das? Ob wahr oder nicht, der Ruf des staubtrockenen, langweiligen und eher auf Erwachsene ausgerichteten Museums eilt ihm voraus.

Das absolute Gegenteil ist im Auricher MachMitMuseum der Fall. Im Gebäude des Historischen Museums wird neugierigen Kindern seit 2001 so richtig was geboten. Jedes Jahr wird ein Ausstellungsthema inszeniert. Und zwar im wahrsten Sinne des Wortes zum Anfassen. Die kleinen (und großen) Besucher sollen ganz nach dem Motto »Mit allen Sinnen lernen und gestalten« fühlen, experimentieren, spielen und erleben. An den verschiedenen Stationen der Ausstellung gibt es Kunst- und Bastelprojekte, interaktive Spiele, Wissensfragen, Verkleidungen und Entdeckungshöhlen. Hier steckt man wirklich mitten im Thema. Nur als Beispiel: In der Ausstellung »Reise zum Mittelpunkt der Zeit« konnte man sich als Maya verkleidet an Klangschalen und Tongefäßen probieren und in eine nachgebaute Grabstätte kriechen! Da sind Spaß und spielerisches Lernen garantiert.

Realisiert wird das tolle Kreativprojekt von der Kunstschule Miraculum, die im Übrigen auch ein breites Angebot im Bereich Fotografie, Tanz und Theater, Malerei, Zeichnung und Grafik sowie digitale Medien (nicht nur) für Kinder bereithält. Dahinter steckt ein gut ausgebildetes und hoch motiviertes Team aus kreativen Köpfen: Pädagogen, Handwerker und Künstler machen spannende Themen rund um Geschichte, Erdkunde und Umwelt für die Kleinen erlebbar.

Eltern, wollt ihr eure Kinder mal so richtig begeistert sehen? Kinder, Lust auf einen wirklich coolen Tag im Museum? Dann los, auf ins MachMitMuseum. Ich wette, danach fragt keiner mehr nach Schwimmbad oder Kino!

Adresse Burgstraße 25, 26603 Aurich | **Öffnungszeiten** Di–Fr 13–17 Uhr, Sa, So 11–17 Uhr, in den niedersächsischen Schulferien Di–So 11–17 Uhr | **Tipp** Die Kunstschule Miraculum ist nicht weit entfernt in der Osterstraße 6b. Nach dem Motto »Bilden mit Kunst« kann hier wirklich jeder kreativ werden.

56_Makerspace

Tüfteln bis der Arzt kommt

Wer den Begriff »Makerspace« zum ersten Mal hört, wird sich vermutlich verdutzt die Augen reiben und erst einmal vorsichtig fragen, wo das Raumschiff denn steht, in das er einsteigen soll. Doch immer mit der Ruhe. Bei näherem Hinsehen wird schnell klar: Beim Makerspace handelt es sich um einen Verein, der sich im Frühjahr 2015 in Aurich gegründet hat, um allen Tüftlern, Kreativen und Wissensdurstigen eine pfiffige Anlaufstation zu geben. So ist mit dem Auricher Makerspace ein Platz geschaffen worden, an dem sich Selbstmacher, Erfinder und Denker die Klinke in die Hand geben können. Erklärtes Ziel: der Austausch von Informationen, gegenseitige Unterstützung bei Tüftelproblemen und jede Menge Inspiration.

Der Begriff Makerspace kommt aus dem Englischen und bedeutet sinngemäß »Raum, in dem etwas gemacht wird«. In den USA gibt es bereits mehr als 2.000 dieser Makerspaces. Wichtig ist, dass durch die Zusammenarbeit und das Teilen von Werkzeugen, Wissen, Materialien und nicht zuletzt auch Zeit Ideen gezielt umgesetzt werden können. Gearbeitet wird unter anderem in den Bereichen Elektronik, Computertechnik, 3-D-Druck, Holz und Metall. Zudem finden regelmäßig Workshops statt.

Tipps zum Aufbau des Auricher Makerspace holten sich die Gründer im Hackerspace Mainframe in Oldenburg. Dort gab es nämlich eine »Maker Faire«, ein Festival für Inspiration, Kreativität und Innovation. Im Grunde ist eine Maker Fair so etwas wie eine Wissenschaftsmesse, zum anderen eine Art Jahrmarkt der besonderen Art. Bei diesen Veranstaltungen kommen Maker zusammen, um ihre Projekte einer breiten Öffentlichkeit zu zeigen. Für manche Aussteller ist die Teilnahme der Beginn eines erfolgreichen Start-ups.

Fakt ist: Auch in Aurich sollen Kinder und Jugendliche auf spielerische Weise für Wissenschaft und Technik begeistert werden. Spaß steht im Vordergrund. Gäste sind gern gesehen.

Adresse Weddigenstraße 5, 26603 Aurich | Öffnungszeiten diese sind variabel, dienstags ist Workshop-Abend, Infos unter www.makerspace-aurich.de | Tipp Wer viel arbeitet, darf auch gut essen! Im Restaurant »Tom Brook« im Hotel Stadt Aurich im Hoheberger Weg 17 ist das garantiert.

57 Der Mann von Bernuthsfeld

Fundort einer der bedeutendsten Moorleichen Deutschlands

Nördlich von Tannenhausen im Meerhusener Moor, genauer gesagt im Moor Hogehahn, befindet sich der Fundort einer Moorleiche aus dem siebten Jahrhundert. Und zwar einer für deutsche Archäologen sehr bedeutenden. Denn die Kleidung des unweit der aus wenigen Höfen bestehenden Siedlung Bernuthsfeld gefundenen männlichen Leichnams war außergewöhnlich gut erhalten und ist für die Wissenschaftler deshalb ein einzigartiges Zeugnis frühmittelalterlicher Textilkunst. Sein langärmliges, bis zum Knie reichendes Hemd aus Schafswolle gilt bis heute als eines der am besten erhaltenen Kleidungsstücke jener Zeit.

Die Brüder Rolf und Ehme de Jonge fanden im Mai 1907 beim Torfstechen eine Leiche. Verständlicherweise schlussfolgerten die beiden 16 und 18 Jahre alten Jungen nicht, dass es sich bei dem Mann um eine Moorleiche aus dem frühen Mittelalter handelte und sie gerade einen archäologisch bedeutenden Fund gemacht hatten. Die beiden befürchteten, in einen aktuellen Mordfall verwickelt zu werden, und vergruben den Leichnam in einigen hundert Metern Entfernung wieder. Die Aktion blieb allerdings nicht unbeobachtet, und die Nachricht über den Fund einer Leiche in Bernuthsfeld gelangte an die Polizei. Da diese aufgrund der frühzeitlichen Bekleidung des Mannes schnell feststellte, dass es sich nicht um ein aktuelles Verbrechen handelte, hatte das Handeln der Jugendlichen keine Konsequenzen. Der Archivrat des Auricher Staatsarchiv wurde zur Bergung gerufen, und der übergab den Mann von Bernuthsfeld zusammen mit weiteren Funden an die Gesellschaft für bildende Kunst und vaterländische Altertümer. Die Überreste von »Bernie« sind im Ostfriesischen Landesmuseum Emden. Die Moorleiche ist dessen bedeutendstes Exponat der archäologischen Sammlung und wird in einer eigenen Ausstellung präsentiert.

Adresse Aurich-Tannenhausen | **Anfahrt** Dornumer Straße Richtung Westerholt, links in den Stickerspittweg, dann links in den Sandstrahlweg | **Tipp** Unbedingt »Bernie« in Emden besuchen! Das Ostfriesische Landesmuseum hat auch noch viele andere Schätze zu bieten. Infos auf www.landesmuseum-emden.de.

58 Der Marstall

Behördenhaus mit Geschichte

Der Marstall (aus dem Althochdeutschen von *marahstal*, *marah*, »Pferd«, und *stal*, »Stall«) ist das älteste Gebäude des Auricher Schlossbezirks.

Graf Edzard II. aus dem Hause Cirksena (1532–1599) gab den Bau in den 1580er Jahren in Auftrag, nachdem er seinen Wohnsitz von Emden nach Aurich verlegt hatte. Graf Edzard II. war der einzige Landesherr Ostfrieslands, der die Tochter eines Königs heiratete: der Spross des Fürstenhauses Cirksena ehelichte nämlich in Stockholm Katharina Wasa, die schwedische Königstochter. Ganz nebenbei: Der Graf, dessen Regierungszeit von 1561 bis zu seinem Tod 1599 reichte, ist somit direkter Vorfahre des aktuellen niederländischen Königs Willem-Alexander.

Der Auricher Marstall ist ein lang gezogenes, im Stil des Barocks gestaltetes Gebäude mit zwei Etagen. Die untere war ursprünglich der höfische Pferdestall, die obere beherbergte sechs Herrengemächer. Besonders auffällig sind der Arkadengang auf der Schlossseite und das schmiedeeiserne, weiße Balkongeländer. In das Geländer sind die Initialen G. A. eingearbeitet. Diese stehen für den Fürsten Georg Albrecht von Cirksena, der von 1708 bis 1734 regierte und das obere Geschoss 1731 umgestalten ließ. Im Dachgeschoss ist ein Giebeldreieck zu sehen, das ein bekröntes Landeswappen enthält.

Seit der Erbauung durch Graf Edzard II. hatte der Auricher Marstall viele unterschiedliche Funktionen. Nach der Renovierung durch den Fürsten Georg Albrecht wurden die ehemaligen Herrengemächer der oberen Etage beispielsweise als Hofgericht, fürstliches Archiv und Kanzlei genutzt. So erklärt sich, dass der Marstall seither auch »Neue Kanzlei« genannt wird. In den Folgejahren wurde das historische Gebäude lange als Kaserne genutzt, bevor es später wieder zum Behördenhaus wurde. Heute findet man im Marstall unter anderem die Auricher Dienststelle des Niedersächsischen Landesamts für Bezüge und Versorgung (NLBV).

Adresse Schlossplatz 5, 26603 Aurich | **Öffnungszeiten** von außen jederzeit zu besichtigen | **Tipp** Der Philosophenweg, ein gemütlicher, begrünter Schleichweg, verbindet das Schloss mit dem alten Hafen.

59 Das Mausoleum

Letzte Ruhestätte der Familie Cirksena

Die Herrschaft über Ostfriesland begann für die Grafenfamilie Cirksena etwa 1430, als Edzard Cirksena seinen Widersacher Focko Ukena besiegte. Die von einem Greetsieler Häuptlingsgeschlecht abstammende Familie folgte somit auf die Häuptlinge der tom Brok. Die Cirksena, deren Name vermutlich auf den friesischen Vornamen Tzirk zurückgeht, leitete die Geschicke Ostfrieslands ab 1464 erst als Reichgrafen, bevor sie 1654 in den Reichsfürstenstand erhoben wurde. Der bedeutendste Herrscher der Cirksena war Graf Edzard der Große (1462–1528). Während seiner Regierungszeit erreichte die Reichsgrafschaft Ostfriesland die größte Ausdehnung. Ziemlich abrupt endete 1744 die Zeit der Adelsfamilie Cirksena mit einem Glas Buttermilch. Ja, richtig gelesen. Angeblich soll der letzte Graf Carl Edzard 1744 plötzlich und unerwartet an einem ebensolchen Getränk, das er nach der Jagd zu sich genommen hatte, verstorben sein. Unmittelbar darauf übernahm König Friedrich der Große von Preußen die Führung in Ostfriesland.

Nachdem die Cirksena zunächst im Kloster Marienthal bei Norden und in der Großen Kirche in Emden bestattet wurden, fanden sie ab 1591 ihre letzte Ruhestätte in der Gruft der Lambertikirche. 1875 begann der Bau des Mausoleums auf dem Stadtfriedhof. Der Auricher Maurermeister Gerhard Neemann schuf den etwa 17 Meter hohen neoromanischen Zehneckbau mit Kuppelgewölbe und Treppenturm, der 1880 mit der nächtlichen Überführung der Särge feierlich eingeweiht wurde.

Die Grabstätte enthält die wertvollen Prunksarkophage mit den sterblichen Überresten der Cirksena. Die Särge finden in einem doppelstöckigen Nischenkranz sowie auf einem zehneckigen Podest in der Mitte Platz.

Das Mausoleum ist normalerweise nur von außen zu besichtigen, aber die Stadtführervereinigung Aurich bietet im Sommer frühabendliche Führungen durch das historische Grabmonument an.

Adresse Adolf-Dunkmann-Straße 11, 26603 Aurich | **Öffnungszeiten** von außen zu besichtigen, Führungen Mai–Sept. jeweils am ersten Do im Monat um 17 Uhr ohne Anmeldung, Sonderführungen auf Anfrage, Kontakt über die Stadtführervereinigung | **Tipp** Die Lindenallee, die auf das Mausoleum zuführt, besteht aus 94 teils über 150 Jahre alten Bäumen. Sie wurde im Oktober 2019 vom Niedersächsischen Heimatbund zur Allee des Monats gewählt.

60 Meints Mühle

Der kleinste Erdholländer in Niedersachsen

Ein Steinwurf vom Megalithgrab »Botter, Brood und Kees« (siehe Ort 19) entfernt steht in der Tannenhausener Siedlung eine Windmühle. Zwischen Wohnhäusern, Vorgärten und Einbahnstraßen trifft man hier auf den kleinsten Erdholländer des Bundeslandes. Für alle Nicht-Mühlenexperten unter uns: Bei einem Erdholländer handelt es sich um eine spezielle Gattung der Holländermühle, der modernsten Form der klassischen Windmühle. Die Mühle ist ebenerdig und einstöckig gebaut. Dadurch reichen ihre im Durchmesser zwölf Meter langen Flügel fast bis auf den Boden. So kommt der Erdholländer auch zu seinem zweiten Namen, nämlich Grundsegler. Mit etwa 6,5 Metern Höhe ist Meints Mühle wesentlich kleiner als ihre häufiger anzutreffenden großen Verwandten, die Gallerieholländer. Die kleine Mühle besitzt ein sogenanntes Krojrad, eine Vorrichtung, mit der die Flügel von Hand in den Wind gedreht werden können.

Als der Müllermeister Meints die Windmühle 1923 kaufte, aus der Nähe von Wittmund nach Tannenhausen bringen und hier im Ödland unweit des Großsteingrabes aufstellen ließ, war sie schon 56 Jahre in Betrieb. Der 1867 in Endzetel erbaute Erdholländer wurde dort bereits als Wasserschöpf- und Mahlmühle genutzt. Bis 1951 lief die Mühle ausschließlich mit Windenergie, dann wurde sie durch einen Elektromotor unabhängig vom Wind und fungierte bis zu ihrer Stilllegung etwa 1960 als Getreidemühle.

Heute wird die historische Mühle durch den Mühlen -, Verkehrs- und Heimatverein Tannenhausen e. V. als Museumsmühle betrieben und ist Teil der Niedersächsischen Mühlenstraße. Nach einer Restaurierung in den 1990er Jahren, als auch das benachbarte Packhaus neu erbaut wurde, sind die Mahleinrichtungen wieder funktionsfähig und die Schrot- und Motormahlgänge in Betrieb.

Nach telefonischer Absprache sind Führungen durch Meints Mühle inklusive ostfriesischer Teezeremonie möglich.

Adresse Am Hünengrab 16, 26605 Aurich-Tannenhausen | **Anfahrt** Dornumer Straße und Oll Streek | **Öffnungszeiten** nach Absprache unter Tel. 04941/71313 | **Tipp** Im Stürenburgweg nahe des Badesees erinnert eine Kriegsgräberstätte mit Gedenktafel an die 236 sowjetischen Kriegsgefangenen, die zwischen 1942 und 1945 in Tannenhausen gestorben sind.

61_Der Modellbahnhof

Ostfriesland-Geschichte in Kleinformat

Kleine Kinder machen große Augen, große Männer werden wieder klein. Die Modelleisenbahner Aurich sorgen ein ums andere Mal für Bewunderung und Faszination. Daran hat sich seit der Gründung nichts geändert, und man kann sicher sein: So wird es auch bleiben. Am 9. November 1981 trafen sich elf Auricher, um den Verein »Eisenbahnfreunde Aurich« aus der Taufe zu heben. Ziel: Nicht nur der Modellbau allein soll betrieben werden. Die Mitglieder sollen auch historische Schienenfahrzeuge pflegen und bewahren.

Nachdem 1990 die Stilllegung der Bahnstrecke Aurich–Abelitz angekündigt und das Bahnhofsgebäude dem Gymnasium Ulricianum zur Verfügung gestellt worden war, folgte ein Jahr später der Umzug der Eisenbahnfreunde in das neue Vereinsheim am Georgswall. Dort war Großes möglich. Denn: Hier konnten die Akteure endlich den Auricher Bahnhof in seiner gesamten Größe nachbauen! Das nach alten Zeichnungen und Fotos konstruierte Modell stellt den Auricher Bahnhof in seiner Beschaffenheit vom Ende der 1930er Jahre dar. Damals hatten die Gleise noch ihre vollständigen Ausmaße. Zudem waren zu jener Zeit noch viele interessante Gebäude vorhanden, wie beispielsweise der Triebwagenschuppen. Mittlerweile haben die Eisenbahnfreunde alle Gebäude entlang der normalspurigen Gleisanlagen nachgebaut.

Wenn möglich, wird auf der Anlage natürlich mit Fahrzeugen gefahren, die für den Bahnbetrieb in Aurich typisch waren. Dabei handelt es sich um Kleinserienmodelle, die die typischen Fahrzeuge der Kleinbahn optisch präzise wiedergeben. Dargestellt ist ebenso der für eine Kleinbahn übliche Verkehr mit Rollwagen beziehungsweise Rollböcken. Auf denen werden die Güterwagen über die Kleinbahn zu ihren Empfängern transportiert. Mit ihrer Arbeit haben die Eisenbahnfreunde ein gutes Stück Ostfrieslandgeschichte en miniature geschaffen. Dass sie damit zu Gast bei internationalen Fachausstellungen in Berlin und in den Niederlanden sind, macht sie zu Recht stolz.

Adresse Am Georgswall 25, 26603 Aurich | **Öffnungszeiten** Treffpunkt Mo ab 19.30 Uhr und Sa ab 15 Uhr im Vereinsheim, Gäste sind herzlich willkommen | **Tipp** Auch klein, aber fein: Das charmante Café Dailyfein am Marktplatz hat nicht nur leckeren Kuchen im Angebot, die Kaffeesorten werden auch selbst von Hand in Aurich geröstet.

62 Der Modellbauflughafen

Aus Freude am Fliegen

Da ist ordentlich was los am Himmel über dem beschaulichen Spekendorf! Der ländlich geprägte, gut zehn Kilometer vom Auricher Stadtkern entfernte Ortsteil mit seinen etwa 500 Einwohnern kommt normalerweise eher bodenständig daher. Doch auf dem Modellflugplatz am Piepmortenweg geht's hoch hinaus.

Der Modellbau-Club Aurich-Ostfriesland, gegründet 1972 und zunächst in Tannenhausen und Pfalzdorf zu Hause, macht seit 2002 auf dem etwa 18.000 Quadratmeter großen Gelände in Spekendorf den Traum vom Fliegen wahr. Eine 180 mal 75 Meter große Rasenfläche steht als Start- und Landebahn zur Verfügung, und mit einem modernen Vereinsheim, Grillplatz, Park- und Campingraum ist der MBC bestens ausgestattet. Auch die Flugmodelle sind vielseitig. Neben sogenannten Flächenmodellen mit Verbrennungs- oder Elektromotoren kommen außerdem Hubschrauber, Multikopter, Segelflugzeuge mit und ohne Motor, aber auch Mini-Jets am Himmel zum Einsatz. Ziemlich beeindruckend: Die Jets erreichen eine Höchstgeschwindigkeit von bis zu 250 Stundenkilometern, und so ein mit einer Turbine angetriebenes Segelflugzeug kommt auf eine beachtliche Spannweite von über fünf Metern. Da braucht es schon einiges an Erfahrung, um solche Modelle sicher fliegen und landen zu können.

Dem Modellbau-Club Aurich gehören zurzeit etwa 85 Mitglieder an, und dabei gibt es nicht nur flugtechnisch nach oben keine Grenzen: Der älteste Flugschüler ist 83 Jahre alt! Jeder Modellbau- und Modellfluginteressierte, unabhängig von Alter und Vorerfahrung, ist in Spekendorf herzlich willkommen. Der Einstieg in das faszinierende und variationsreiche Hobby wird den Gästen leicht gemacht. Nach Absprache stehen Fluglehrer und vereinseigene Flugmodelle als Schulflugzeuge für Schnupperstunden bereit. Auch Gastflieger aus anderen Vereinen können unter Vorlage ihres Vereins- und Versicherungsnachweises das Fluggelände nutzen.

Adresse Piepmortenweg 1, 26607 Aurich-Spekendorf | **Anfahrt** B210 bis Plaggenburg, dann über die Spekendorfer Straße in den Piepmortenweg | **Öffnungszeiten** nach vorheriger Anmeldung unter Tel. 0173/1425354 | **Tipp** Auch ein tolles Hobby: Zehn Autominuten entfernt in Plaggenburg veranstaltet der Pool Billard Club Aurich jeden Freitag um 20 Uhr ein Turnier und freut sich immer über Gäste. Infos unter www.pbc-aurich.de.

63 Das Moorbauernpaar

»Schau Alte, das ganze Geld ist weg!«

Er zeigt seiner Frau mit ernstem Blick die leere Geldbörse, sie schlägt sich verzweifelt die Hand vor den Mund, und selbst im Blick des Hundes, der zu seinem Frauchen aufschaut, spiegelt sich der Ernst der Situation wider. Die Szene dieser finanziellen Offenbarung eines Moorbauernpaares hat der Bildhauer Friedrich Büschelberger 1982 in einer Skulpturengruppe aus Bronze festgehalten. Das Kunstwerk mit dem Untertitel »Schau Alte, das ganze Geld ist weg!« steht heute vor dem Historischen Museum in der Auricher Fußgängerzone.

Doch das verarmte Moorbauernpaar hat schon eine kleine Reise hinter sich. An seinem heutigen Standort sitzen die beiden erst seit 2009. Der Künstler hatte die Bronzeskulptur 1982 ursprünglich für den Eingangsbereich des Kreishauses geschaffen. Dort blieb sie bis 2005, wurde kurzzeitig beim Bauhof des Landkreises eingelagert und dann nach Timmel an das Reitsport-Touristik-Centrum ausgeliehen. Es blieb bei einem kurzen Besuch in der Nachbargemeinde. Heftige Proteste der Auricher überzeugten die Stadtväter, das Moorbauernpaar wieder zurück in seine Heimatstadt zu holen.

Friedrich Büschelberger (1904–1990) war gebürtiger Dresdner, zog aber 1938 mit seiner Familie nach Aurich. Hier gründete er die Arbeitsgruppe Ostfriesisches Kunsthandwerk und war Vorstand der Bezirksgruppe Aurich des Bundes Bildender Künstler. Von 1973 bis 1986 unterhielt er sein Atelier im Teehäuschen (siehe Ort 98). Ein großer Teil von Friedrich Büschelbergers Arbeiten sind realistische Tierskulpturen aus Bronze. So stammt die Bärengruppe, die heute vor dem Kreishaus steht, auch von ihm.

Das Moorbauernpaar in der Auricher Innenstadt wird im Volksmund auch liebevoll »Oma und Opa« genannt. Und es scheint, als habe manch ein Passant wohl hin und wieder Mitleid mit dem armen Ehepaar. Ab und zu findet man tatsächlich etwas Kleingeld im Portemonnaie des Moorbauern!

Adresse Burgstraße 25, 26603 Aurich, vor dem Historischen Museum | **Öffnungszeiten** jederzeit zugänglich | **Tipp** Ein Stadtrundgang mit Oma und Opa ist möglich! Die beiden sind die auditiven Begleiter im Audioguide des Historischen Museums bei der Führung durch die Innenstadt. Informationen unter Tel. 04941/123600.

64__North Bound

Badesee trifft Full Action Life

Wakeboard action meets beach vibes. Full Size Cable und zweimal System 2.0. Alles klar? Keine Sorge. Die Autoren drehen nicht durch. Nur: Wer den Baggersee im Auricher Stadtteil Tannenhausen vor 2016 kannte und über all die Jahre immer mal wieder in dessen Beschaulichkeit abtauchte, muss sich umstellen. Aus dem guten alten Badevergnügen haben die Macher von North Bound Aurich einen verdammt flotten Treffpunkt gebastelt.

In der Tat: Der Badesee hat sein Gesicht gründlich verändert, und zwar ganz klar zu seinem Vorteil. Im Sommer 2016 wurde die Wasserski- und Wakeboardanlage »North Bound Aurich Beach & Wake« eröffnet. Und damit keine Zweifel aufkommen: Sie ist die modernste Anlage ihrer Art in der Region.

Was geht dort ab? Für jede Altersklasse und jedes Level wird von Wasserskiing, Wakeborden, Wakeskaten bis Kneeboarden einiges geboten. Der große Funpark ist mit zehn Hindernissen, sogenannten Obstacles, ausgestattet. Übrigens: Die Anlage verfügt über zwei Anfängerlifte und hat eine Gesamtlänge von 650 Metern.

Und was geht noch? Es gibt einen Shop, einen Verleih, es werden Kurse angeboten und – na klar, natürlich auch den guten alten Badestrand. Den genießen nicht nur Swagger und Hipster, auch die Oldies kommen hierher, um sich an der Beachbar einen Caipi oder ein Hopfensmoothie abzuholen.

Spaß haben alle Altersgruppen aber auch beim Stand-up-Paddeln, beim Beachvolleyball, Tretbootfahren oder auf dem Spielplatz. Holländische Holzmöbel, Strohschirme, Grillplatz und Liegestühle sorgen für ein ziemlich abgefahrenes Feeling. Und: Alle können geflasht sein. Die Jungs und Mädels von der DLRG überwachen den Strand. Dort ist kostenloses WLAN übrigens eine Selbstverständlichkeit. Also, Leute: Ne Runde Instern oder ne kleine Doppelkinn-Selfie-Challenge ist kein Problem. Nun denn, carpe diem. Aufsitzen und hinfahren. Da geht was!

Adresse Stürenburgweg 44, 26607 Aurich-Tannenhausen | **Anfahrt** Dornumer Straße Richtung Westerholt, hinter der Ampelkreuzung links und dem Stürenburgweg folgen | **Öffnungszeiten** je nach Saison und Wetter, Infos auf www.northboundaurich.de | **Tipp** Direkt um die Ecke liegt der Reiterhof »Kleine Mücke«. Familie Franzen gibt auf seinen 21 Ponys und Kleinpferden nicht nur Reitunterricht, sondern bietet auch Reiterferien für Kinder ab sieben Jahren an.

65 Der Obstbaumwanderweg

Umweltschutz zwischen Boikenapfel und Gewürzluiken

Der Auricher Gärtnermeister der Baumschule Fokken im Schirumer Leegmoor, Erich Fokken, hatte eine tolle Idee. Um möglichst viele alte heimische Obstsorten zu erhalten, legte er auf dem Rundweg um das Energie-, Bildungs- und Erlebniszentrum (EEZ) im Auricher Ortsteil Sandhorst eine Obstbaumallee an. Sein Ziel: Möglichst viele alte Obstbaumsorten in Aurich zusammenführen und seine Mitmenschen dafür begeistern. Und seine Mission ist bestens geglückt: Mittlerweile stehen etwa 125 Obstbäume auf dem Areal. Alle gepflanzt mit Unterstützung von Baumpaten und Sponsoren. Jeder Baum bekommt von der Stadt Aurich ein graviertes Namensschild mit Sorten- und Patenname. So kann man auf der Obstbaumallee zwischen dem Altländischen Pfannkuchenapfel, der Königin Viktoria Pflaume, Gellerts Butterbirne und dem Celler Dickstiel spazieren gehen. Infotafeln zeigen die Sorten- und Patenlisten mit Standortangabe und Wissenswertes rund um den Wanderweg der heimischen Gehölze. Das Projekt zum Erhalt der Obstsortenvielfalt in Aurich wird auch von der Imkergesellschaft begleitet. Jedes Jahr treffen sich Gärtner, Paten und Obstbauminteressierte zum Frühjahrsschnitt, zur Obstbaumblüte und zum Sommerschnitt. Wenn erste Ernteerfolge sichtbar sind, ist ein Apfelerntetag mit Saftpressen nach alter Art geplant.

Der Wanderweg der heimischen Obstgehölze ist in den Naturlehrpfad des EEZ (siehe Ort 26) eingebunden. Dieser führt rund um das Gebäude und ist speziell für Kinder ausgelegt. Infotafeln mit großen Bildern vermitteln Wissen zur Pflanzen- und Tierwelt und zu den Themen Umweltschutz, Technik und Architektur. Der Naturlehrpfad und der Obstbaum-Wanderweg sind jederzeit geöffnet, und der Eintritt ist kostenlos. Durch den Pfad führt ein Audioguide, der am Empfang des EEZ erhältlich ist.

Übrigens: Erich Fokken sucht weiterhin Paten für Friesenapfel, Bischofshut und Co.!

Adresse Osterbusch 2, 26607 Aurich-Sandhorst | **Anfahrt** B210 (Esenser Straße), dann auf die Dornumer Straße, rechts geht's in den Osterbusch | **Öffnungszeiten** jederzeit zugänglich | **Tipp** Lust auf frisches Obst? Auf dem großen Marktplatz in der Auricher Innenstadt ist dienstags, freitags und samstags von 7 bis 14 Uhr Wochenmarkt.

66__Oll Haven Auerk

Grüne Oase und Erinnerung an vergangene Zeiten

Zwischen Fußgängerzone und »Caro« liegt der Georgswall. Die ehemalige Befestigungsanlage aus dem 16. Jahrhundert ist seit ihrer Neugestaltung zu einer einladenden Grünfläche zum Ausruhen und Spielen geworden. Es gibt gemütliche Sitzecken mit Brettspielen, Spielgeräte für die Kleinen und einen Springbrunnen. Der Georgswall, der heute zu einer gemütlichen Pause während des Stadtbummels einlädt, diente früher als Schutz vor Feinden. Denn Aurich war während der Sächsischen Fehde (1514–1517) zwischen dem ostfriesischen Grafen Edzard I. und Georg von Sachsen vollständig zerstört worden. Die nach Kriegsende aufgeschütteten Wälle sollten die Auricher zukünftig gegen Angriffe schützen. Heute wird hier jedes Jahr der »Sommer am Wall« gefeiert, eine Veranstaltungsreihe mit Musik und Unterhaltung.

Ende des 18. Jahrhunderts entstand auf Initiative des Architekten Conrad Bernhard Meyer der erste Auricher Hafen, wobei der Stadtgraben am Georgswall zur Hafenanlage umfunktioniert wurde. Schnell stellte sich wirtschaftlicher Erfolg ein, und der Hafen wurde für den Güterverkehr zu klein. 1873 bauten die Auricher einen neuen, den heutigen Hafen. Der Anschluss an das Bahnnetz bedeutete 1886 das endgültige Aus für den kleinen Hafen, der nach jahrelangen Diskussionen schließlich erst 1932 wieder zugeschüttet wurde.

Mittlerweile wurde allerdings eines der ehemaligen Hafenbecken rekonstruiert. Vier Wasserbecken tragen den steinernen Schriftzug »Oll Haven Auerk« (plattdeutsch für »Alter Hafen Aurich«). Seitdem kam es immer wieder zu Blechschäden, nachdem Autofahrer die Becken schlicht mit Parkbuchten verwechselt hatten. So kam schnell die Forderung nach einem Rückbau der Wasserbecken wieder auf. Bedenkt man allerdings die damalige jahrelange Debatte, können sich die Verantwortlichen mit der erneuten Zuschüttung sicher noch ein paar Jahre Zeit lassen.

Adresse Georgswall, 26603 Aurich | **Tipp** Im Café »Hafen 5« in der Hafenstraße direkt um die Ecke gibt's in einem ruhigen Winkel der Innenstadt Frühstück, Salate, Brotzeiten und Kuchen, und außerdem den in der »Auricher Kaffee-Rösterei« selbst gerösteten Kaffee.

67_Das Osteregelser Moor

Ein Eldorado für alle Naturschützer

An diesem feinen Fleckchen Erde würden Greta Thunberg die Gesichtszüge mit Sicherheit nicht entgleisen. Im Gegenteil: Im Osteregelser Moor würde die schwedische Klimaaktivistin mit Sicherheit fleißig Beifall klatschen und vor allem den Akteuren des Naturschutzbunds (Nabu) kräftig auf die Schultern klopfen. Denn im 326 Hektar umfassenden Landschaftsschutzgebiet befindet sich die Natur wieder in einem Top-Zustand. Hier dürfen Pflanzen und Tiere das, was sie beispielsweise auf intensiv bewirtschafteten Agrarflächen nicht dürfen: leben.

Das Osteregelser Moor ist zusammen mit dem Naturschutzgebiet Brockzeteler Moor stille Heimat für einen bedeutenden Rest der früheren ausgedehnten Moorgebiete im Osten Aurichs. Der Arbeit der Auricher Nabu-Leute ist es in der Tat zu verdanken, dass die Fläche erhalten geblieben ist und erhalten bleibt. Denn: Sie dient einem außerordentlich bedeutenden Spektrum an gefährdeten Tier- und Pflanzenarten als freier Lebensraum. In den vergangenen Jahren haben die Naturschützer viele Flächenteile gekauft, etliche Areale wurden zudem in das Eigentum des Landkreises und der Stadt Aurich übertragen. Zahllose Pflegeaktionen haben die Standorte lichtbedürftiger Moorpflanzen davor bewahrt, von Birken und anderen Gehölzen überwachsen zu werden. Zudem wurden ausgedehnte »Wiedervernässungen« gestartet.

Bei einer Bestandserfassung stellten Experten unlängst fest, dass es im Osteregelser Moor wieder bemerkenswert große Bestände an Moorlilien, Moosbeeren, Sumpfbärlapp und Rosmarinheide gibt, außerdem zwei Sonnentauarten. Dazu kommen eine Vielzahl gefährdeter Insektenarten, besonders Tag- und Nachtschmetterlinge, Heuschrecken und Libellen, die sich munter in hohem Gras und in der Nachbarschaft anderer Pflanzen vergnügen. Und auch Menschen dürfen sich hier hin und wieder vom hektischen Leben in der Moderne erholen.

Adresse 26605 Aurich | Anfahrt über die Wallinghausener Straße und den Pfalzdorfer Grenzweg | Tipp Rufen sie Moor, Moor, Moor! Und machen Sie noch einen Abstecher in den Moorwald Plaggenburg. Auch hier gibt's Natur pur und einige idyllische Plätzchen zum Entspannen.

68 Der Ostfrieslandäquator

Treffpunkt bei 53° 30' 00"

Beim Begriff Äquator denkt wohl niemand zuerst an Sandhorst. Auch nicht an Aurich oder Ostfriesland. Vielmehr kommen einem Afrika, Asien und Südamerika in den Sinn, vielleicht der Pazifik, der Atlantik und der Indische Ozean. Man stellt sich Regenwälder, warmes Klima und weiße Strände vor. Zugegeben, in Auricher Stadtteil Sandhorst geht's nicht ganz so tropisch zu, und auch das Meer ist ein Stück weit entfernt, aber mit einem Äquator kann es trotzdem aufwarten.

Der sogenannte Ostfrieslandäquator führt nämlich mitten durch das Dorf. Bereits 1974 hat das Katasteramt Aurich den Verlauf dieser gedachten Linie ermittelt. Die Linie, die Ostfriesland exakt in eine nördlichen und eine südliche Hälfte teilt. Ostfriesland erstreckt sich zwischen 53° und 54° nördlicher Breite. Daher teilt der Breitengrad 53° 30' 00" Ostfriesland wie der Erdäquator in zwei Hälften. Im Westen verläuft der Ostfrieslandäquator etwa auf der Höhe des Pilsumer Leuchtturms über den Deich und endet im Osten etwa eineinhalb Kilometer südlich von Mariensiel am Jadebusen.

Der Äquator verläuft nicht nur durch Sandhorst, sondern kreuzt hier auch noch den Ostfrieslandwanderweg (siehe Ort 50). Deswegen haben die Auricher eben an genau der Stelle zwischen Sandhorst und Plaggenburg einen hölzernen Torbogen mit der Aufschrift »Ostfrieslandäquator« aufgestellt. Das Holztor markiert den Schnittpunkt seit Juni 2013. Nachdem der alte Bogen Opfer von Vandalismus geworden war, fertigte die Kreisvolkshochschule im Rahmen eines Jugendprojekts das neue Tor an. Der Ostfrieslandwanderweg ist eine bei Urlaubern und Einheimischen beliebte Wanderroute und das Tor am Ostfrieslandäquator in Sandhorst damit ein viel genutzter Anlaufpunkt. Auf der Sitzgruppe neben dem Torbogen mitten in der Sandhorster Naturidylle lässt es sich prima Pause machen. Auch bei norddeutschem Wind und Wetter statt tropischem Klima.

Adresse Neulandsweg in 26607 Aurich-Sandhorst | Anfahrt Esenser Straße, rechts in den Neulandsweg | Tipp Auch typisch ostfriesisch geht's im »Lüttje Hörn« zu. Das gemütliche Fischrestaurant in der Egelser Straße 81 hat eine hauseigene Räucherei.

69 Das Ostfriesland Highland Cattle

Wo Tierwohl Priorität und Klima Zukunft hat

Wenn drei Freunde es sich zur Aufgabe machen, in ihrer Heimat nachhaltig und transparent qualitativ hochwertiges Fleisch zu produzieren, dann entsteht so ein Projekt wie das Ostfriesland Highland Cattle. Seit Juli 2017 halten Björn Ahrenholz, Heiner Pollmann und Timo Kruse auf etwa 13 Hektar Land eine Herde mit 20 Schottischen Hochlandrindern. Die besonders robusten und gutmütigen Tiere sind Vertreter der ältesten domestizierten Rinderrasse der Welt. Das Tierwohl hat für die Unternehmer den allerhöchsten Stellenwert. Deshalb dürfen die Rinder das ganze Jahr auf der Weide verbringen und sich auf natürliche Weise im Herdenverband vermehren. Die Kälber werden neun Monate von den Müttern gesäugt, gefüttert wird selbst oder mit in zertifizierten Biobetrieben erzeugtem Heu. Außerdem legen die Züchter Wert auf eine schonende Schlachtung, was nicht nur den Rindern zugutekommt, sondern auch die Fleischqualität erhöht.

»Fleisch ist in Deutschland zu einem billigen Massenprodukt geworden, und das gilt es zu verändern!«, sagt Timo Kruse. Dabei gehe es vor allem um die Aspekte Nachhaltigkeit, Tier- und Klimaschutz, und mit der Gründung des Ostfriesland Highland Cattle möchten die Jungunternehmer einen Teil dazu beitragen. Sie beliefern mit ihrem Qualitätsfleisch nicht nur Privatpersonen, sondern auch Gastronomiebetriebe in Aurich, Norden und Emden. Die Produkte kann man über eine Anfrage auf der Website erwerben. »Momentan verkaufen wir unser Fleisch noch zum Großteil über Mundpropaganda. Manchmal kommen wir sogar auf der Weide mit Spaziergängern ins Gespräch!«, erzählt Kruse. Das Cattle ist ein Biobetrieb, der sich gerade in der Umstellungsphase zum zertifizierten Biobetrieb befindet. Mit ihrem tier- und umweltfreundlichen Konzept setzen die drei Auricher einen Kontrapunkt zur üblichen Massentierhaltung. Hoffentlich die Zukunft der Fleischproduktion!

Adresse Esenser Straße 179, 26607 Aurich-Sandhorst, www.ostfriesland-cattle.de | Tipp Von glücklichen Rindern zu glücklichen Hühnern: Auf dem Biohof Frerichs in der Ol Streek 94 in Tannenhausen gibt's nicht nur täglich frische Eier, sondern auch Hofführungen nach telefonischer Anmeldung unter Tel. 04941/9740640.

70 Der Panzergraben

Das Mahnmal im Sandhorster Forst

»In meiner Erinnerung machten die alle einen wahnsinnig müden Eindruck und sahen entsetzlich schlecht aus, in abgerissenen Kleidern, gingen mühsam. (…) Wir nannten sie Gelbkreuzler.« So beschreibt ein Auricher, 1944 noch ein Kind, den Zug der Gefangenen aus dem KZ Engerhafe auf dem Weg zu ihrem Arbeitsplatz am Panzergraben in Aurich. Die Häftlinge waren mit einem gelben Kreuz markiert und wurden von Wachen vom Bahnhof Aurich aus in Fünferreihen durch die Stadt zu der jeweiligen Baustelle des Panzergrabens getrieben. Dort mussten sie den ganzen Tag, bei schlechtestem Wetter im Winter 1944 und unter menschenunwürdigen Bedingungen, mit Schaufeln den Graben ausheben. Dieser war Teil des sogenannten Friesenwalls und sollte die Stadt vor Angriffen der Alliierten sichern. Im Auricher Stadtteil Sandhorst sind noch heute einige Teile des ehemaligen Panzergrabens sichtbar.

Im Juni 2014 wurde, angeregt durch den Verein Gedenkstätte KZ Engerhafe und unter der Zusammenarbeit mehrerer Institutionen, eine Gedenkstätte im Sandhorster Wald errichtet. Diese wurde in Anwesenheit des niedersächsischen Innenministers Boris Pistorius eingeweiht. Von dem kleinen Parkplatz am Südeweg aus, auf dem drei Schautafeln mit Informationen über das KZ Engerhafe und den Bau des Panzergrabens aufgestellt sind, führt ein kleiner Waldweg zum Mahnmal. Entworfen hat das gelbe »V« auf der Böschung der Künstler Herbert Müller.

Das aus Stahl gefertigte Objekt zeigt den Schnitt durch den Panzergraben, und zwar exakt im damals beim Bau vorgegeben, Größenverhältnis von drei Metern Höhe und viereinhalb Metern Breite. Die Farbe soll an die gelb markierten Häftlinge erinnern und fällt im Wald ganz besonders auf. Das Mahnmal, auch als außerschulischer Lernort gedacht, soll die Dimensionen des Panzergrabens begreiflich machen und an das Leid der Gelbkreuzler im Zweiten Weltkrieg erinnern.

Adresse Parkplatz am Südeweg, 26605 Aurich-Sandhorst | Anfahrt Esenser Straße (B210), rechts in den Südeweg | Öffnungszeiten jederzeit zugänglich | Tipp Eine Ausstellung zum ehemaligen KZ und dem Bau des Panzergrabens ist im Alten Pfarrhaus in Engerhafe in der Nachbargemeinde Südbrookmerland zu sehen. Besichtigung nach telefonischer Anmeldung unter Tel. 04942/4082.

71_Die Parkanlage Knoop's Huus

Das kleine Paradies im Stadtteil Haxtum

Knoop's Huus. Das ist zunächst mal eine moderne Seniorenresidenz in Aurich-Haxtum. Aber es gibt etwas, das dieses Pflegeheim zu etwas ganz Besonderem macht: die Umgebung. Denn Knoop's Huus befindet sich auf einer naturbelassenen Fläche mit sattgrünen Wiesen, malerischen Wallhecken und uraltem Baumbestand. Die Geschichte des Anwesens als Bauernhof ist noch zu erahnen. Gertrud und Hermann Knoop haben die Einrichtung 1993 eröffnet. 2013 übernahm die Alloheim-Gruppe die Seniorenresidenz. Mit dem Bau des Hauses Tenne wurde der Garten erweitert, und es entstand eine Parkanlage mit Teich und reetgedecktem Teehaus, das über eine Brücke erreichbar ist.

Das Park-Areal ist knapp einen Hektar groß. Zuvor befanden sich dort nur Garten- und Grünflächen. Die Idee, dort einen Teich anzulegen, entstand durch die Forderung der Haxtumer Ortsfeuerwehr, die seinerzeit hier einen Löschteich forderte. Da das Gesamtensemble auf den ehemaligen Flächen des landwirtschaftlichen Betriebs des Großvaters von Hermann Knoop erbaut wurde, gab es noch einen Restbestand alter Eichen, die unbedingt erhalten werden sollten, da sie dem Park noch heute sein unvergleichliches Flair verleihen und den vielen Gartenvögeln einen Nistplatz bieten.

Die Teichanlage besteht aus zwei miteinander verbundenen Becken. Das kleinere Becken ist zur biologischen Wasserreinigung mit Reet bepflanzt worden. Hier tummeln sich jede Menge Amphibien, sodass es dort im Frühjahr tüchtig quakt. Nicht selten brüten dort auch Teichhühner, außerdem flirren Libellen umher, und im Herbst sind die vielen Rohrkolben der »Hingucker«. Die Bewohner der Seniorenresidenz gelangen über den Parkplatz durch einen mit Wein bepflanzten Laubengang in das kleine grüne Paradies. Selbstverständlich dürfen auch Gäste den Park besuchen.

Adresse Bürgermeister-Friesenborg-Straße 9, 26605 Aurich-Haxtum | **Anfahrt** über Oldersumer Straße | **Öffnungszeiten** täglich bis 20 Uhr | **Tipp** Falls Sie jetzt Lust bekommen haben, Ihr Haus und Ihren Garten auch mit Blumen zu verschönern, dann schauen sie in »Ilkas Blumenstube« in der Oldersumer Straße 150 vorbei.

72_Die Pfahlgötter

Radroute um den größten Hochmoorsee Deutschlands

Im Grenzbereich der Landkreise Aurich und Wittmund liegt das »Ewige Meer«. Mit 91 Hektar Wasserfläche ist es das größte Hochmoor in Deutschland. Das den See umgebende, heute unter Naturschutz stehende Moorgebiet ist Fundort bedeutender archäologischer Ausgrabungen. So wurde der »Mann von Bernuthsfeld«, eine Moorleiche aus dem 8. Jahrhundert mit besonders gut erhaltender Wollkleidung, 1907 hier gefunden. Außerdem gehören die Überreste des Bohlenweges im Meerhusener Moor, eine der ältesten befestigten Straßen Deutschlands, zu den Funden im Moorgebiet »Ewiges Meer«.

Rund um den durchschnittlich zwei Meter tiefen Hochmoorsee verläuft die Rad- und Wanderroute »Ewiges Meer Route« auf der einstigen Ausdehnung der Hochmoorregion. Auf der 32 Kilometer langen Strecke durch die Gemeinden Großheide und Südbrookmerland, die Samtgemeinde Holtriem und die Stadt Aurich kann man das Moor im wahrsten Sinne des Wortes »erfahren«. Die zehn Stationen des Erlebnisweges erzählen die geschichtlichen und landschaftlichen Besonderheiten des Moorgebietes rund um das Ewige Meer.

Neben Infotafeln mit Interessantem zum Thema Moor sind alle Stationen mit einem sogenannten Pfahlgott gekennzeichnet. Die speziellen Stelen sind Nachbauten bearbeiteter Holzstämme, die aus der Steinzeit stammen und bei Ausgrabungen im Hochmoorgebiet Ostfriesland gefunden wurden. Die Pfahlgötter, auch Moorpfähle oder Pfahlgötzen genannt, sollten Gottheiten darstellen und unseren Vorfahren als Schutzzeichen dienen. Es gibt in Deutschland nur sechs weitere Fundplätze von Pfahlgöttern, außerdem wurden in Schweden und Dänemark ein paar der hölzernen Gottheiten entdeckt.

Die Stationen im Stadtgebiet Aurich sind »Tannenhausen«, »Der Badesee« (siehe Ort 64) und »Die Goldensteinbrücke« am Abelitzkanal. Die Route endet am Ewigen Meer, wo es noch mal einen eigenen Naturlehrpfad rund um den See gibt.

Adresse Start an einer beliebigen Station, Informationen dazu unter www.ewiges-meer-route.de | **Tipp** An der letzten Station der Route kann man noch richtig was lernen. Der etwa 90-minütige Rundgang auf dem Lehrpfad um das Ewiges Meer vermittelt auf zwölf Tafeln spannende Infos rund ums Moor, im Sommer werden auch Führungen angeboten.

73 Das Pfälzerhaus

Auf den Spuren der Auswanderer

Eigentlich wollten sie nach Amerika. Sechs Familien aus der Pfalz träumten von Übersee, als sie sich Anfang des 18. Jahrhunderts auf den Weg machten. Zunächst landeten die Pfälzer in Nordrhein-Westfalen und gründeten am Niederrhein das Dorf Pfalzdorf. Etwa 40 Jahre später, 1777, zog es sie nach Ostfriesland. Ein Kaufmann aus Esens hatte ihnen in Plaggenburg, einer Heide- und Moorlandschaft am Rande der Stadt Aurich, Land versprochen. Und das bekamen sie auch. Friedrich der Große, König von Preußen, teilte jeder Familie 40.000 Quadratmeter Land zur Bebauung zu, denn Plaggenburg sollte planmäßig besiedelt werden. Die Siedler verdienten damals ihren Lebensunterhalt hauptsächlich damit, dass sie Torf gruben und ihn in den Städten der Umgebung verkauften. Eine der sechs Auswandererfamilien war die Familie von Niclas Wendeling. Das von ihm 1783 erbaute Haus ist heute das älteste Gulfhaus Plaggenburgs und das letzte Kolonistenhaus in Aurich. Die Nachfahren der Familie Wendeling bewohnten es noch bis 1990.

Um das mittlerweile unter Denkmalschutz stehende Gebäude kümmert sich seit 2000 der Förderverein der Pfälzer Kolonisten. Dieser hat es vor einigen Jahren renoviert und teils neu aufgebaut. Heute wird hier die Geschichte der Siedler der Moorkolonie dargestellt, und die Plaggenburger Volkstanzgruppe übt in dem historischen Haus.

Die Familien aus der Pfalz waren nicht die ersten, die den Stadtteil im Auricher Osten bewohnten. Archäologische Funde, wie Schmuck oder Werkzeuge, belegen, dass Plaggenburg bereits in der Bronzezeit besiedelt war. In der frühen Neuzeit war die Gegend rund um Plaggenburg wegen ihrer Lage am alten Heer- und Postweg zwischen Aurich und Wittmund ein beliebter Wohnort. Neben Plaggenburg wurden noch zwei weitere Stadtteile Aurichs von Siedlern aus der Pfalz gegründet: Dietrichsfeld und, wie der Name schon sagt, Pfalzdorf.

Adresse Esenser Straße, 26607 Aurich-Plaggenburg, gegenüber der Pfälzerschule Esenser Straße 223, Besichtigung und Infos bei Familie Fisser, Esenser Straße 240 | **Tipp** Nur etwa fünf Kilometer entfernt liegt der »Pachamamahof« in der Pfalzdorfer Moorstraße 6. Hier kann in verschiedenen Workshops das Verarbeiten von Alpaka- und Schafwolle erlernt werden.

74_Der Pflug von Walle

Alleinstellungsmerkmal in Europa

Für Jann Hanßen und seinen Sohn Heye war es wohl ein ganz normaler Arbeitstag, als sie sich im Sommer 1927 auf den Weg zum Torfstechen machten. Doch was ihnen dann zufällig im Moor in die Hände fiel, sollte auch fast 100 Jahre später noch europaweit von größter Bedeutung sein. Die beiden förderten stückchenweise einen Pflug aus der Bronzezeit zu Tage, ursprünglich ein drei Meter langer, massiver Eichenast mit einer circa 60 Zentimeter langen Pflugschar. Der in Walle gefundene Pflug ist nicht nur der älteste bekannte Pflug Deutschlands, sondern auch das einzige in Europa erhaltene Original aus der Bronzezeit. Die Erfindung des Hakenpflugs bedeutete vor 4.000 Jahren einen großen Kulturfortschritt und eine enorme Arbeitserleichterung, denn bis dahin musste das Feld noch von Hand für die Saat vorbereitet werden.

Der Pflug von Walle erlangte zu Zeiten des Nationalsozialismus zweifelhafte Berühmtheit: 1935 zog der damalige Direktor des Landesmuseums Hannover ihn als Beweis dafür heran, dass die Germanen nicht erst durch die Römer den Ackerbau lernten, und instrumentalisierte ihn so für die Ideologie der Regierung.

Im Juni 2018 haben die Wallster ihrem Pflug endlich ein adäquates Denkmal gebaut. Im Ortszentrum, von der Straße aus gut zu sehen, steht eine über 600 Kilogramm schwere Bronzeskulptur. Der Künstler Hans-Jürgen Huss hat nicht nur den Pflug, sondern auch den dazugehörigen Landwirt mit seinem Ochsen verewigt. So wollte er darstellen, wie schwer es gewesen sein muss, bei Wind und Wetter aus dem Boden etwas Fruchtbares rauszuholen. Das Original des Pflugs wird heute, um es bestmöglich vor dem Verfall zu schützen, im Landesmuseum Hannover aufbewahrt, eine Replik stellt das Historische Museum Aurich aus.

Übrigens: Vater und Sohn Hanßen haben für ihren Fund damals 50 Mark Finderlohn erhalten, die sie sich auch noch mit dem Grundstückseigentümer teilen mussten.

Adresse Wallster Weg, Ecke Sandhorster Straße, 26607 Aurich-Walle | Tipp Ein paar hundert Meter weiter die Sandhorster Straße entlang findet man den wohl kleinsten Hofladen Aurichs: Bei Bauer Franz gibt es täglich frische Eier, Kartoffeln, Marmelade und viele andere Produkte aus eigenem Anbau.

75 Das Pingelhus

Wo schon so manche Reise begann

Wer in Aurich nicht einfach klassisch auf dem Standesamt, sondern in einem etwas originelleren Ambiente heiraten möchte, der macht das im Pingelhus. Das gemütliche Häuschen am Georgswall bietet etwa 30 Gästen Platz und macht das Jawort in durchaus geschichtsträchtiger Umgebung möglich.

Als das Pingelhus um 1800 unter der Leitung des Architekten Conrad Bernhard Meyer erbaut wurde, befand sich hier, im heutigen Zentrum der Stadt, noch der alte Auricher Hafen (siehe Ort 66). Das Pingelhus war also Aurichs Hafenwärterhaus, diente aber auch als Speditionsgebäude und Lager für die Treckfahrtsgesellschaft. Es war ursprünglich zweigeschossig, das untere Stockwerk wurde allerdings zusammen mit dem alten Hafen 1934 zugeschüttet. Auffällig sind sein Walmdach und der Dachreiter, ein auf dem Dachfirst sitzendes, seitlich geöffnetes Türmchen mit einer Glocke.

Heute wird das ehemalige Hafenwärterhaus, das unter Denkmalschutz steht und neben Lambertiturm und Stiftsmühle als eines der Wahrzeichen der Stadt Aurich gilt, vom Heimatverein und der Volkstanzgruppe Aurich als Vereinsheim genutzt und ist außerdem, wie beschrieben, ein beliebter Ort für Eheschließungen.

Aber wieso heißt das Pingelhus denn eigentlich Pingelhus? »Hus« bedeutet im Plattdeutschen »Haus«, und »pingeln« heißt übersetzt »klingeln«. Die Glocke auf dem Dach des Gebäudes verhalf dem Hafenwärterhaus also seinerzeit zu seinen ausgefallenen Namen. Durch das Läuten der Glocke kündigte der Hafenmeister nämlich die bevorstehende Abfahrt eines Schiffes Richtung Emden an. Letzter Aufruf zum Einsteigen, sozusagen. Auch heute noch wird regelmäßig »gepingelt«: Jeden Tag um 16 Uhr läutet ein Mitglied des Heimatvereins die Glocke des ehemaligen Hafengebäudes. Außerdem klingelt es nach jeder Heirat im Pingelhus. Dann zwar nicht zur Ausfahrt Richtung Emden, sondern zur Einfahrt in den Hafen der Ehe. Passt doch, oder?

Adresse Georgswall 2, 26603 Aurich | Öffnungszeiten von außen zu besichtigen, Kontakt bei Hochzeitsanfragen über das Standesamt Aurich unter Tel. 04941/123221, sonst über den Verkehrsverein Aurich, Tel. 0494941/4464 | Tipp In Sichtweite am Georgswall 15 steht die St.-Ludgerus-Kirche der katholischen Kirchengemeinde.

76__Playground

Deutschlands größte Indoor-Skatehalle

Das ist ja abgefahren! Aurich hat doch glatt einen deutschlandweiten Superlativ zu bieten. Die Skatehalle im Finkenburgweg ist mit 3.200 Quadratmetern die größte ihrer Art im ganzen Land. Die Szenelocation hat einen neuen, von Skatern entwickelten Skatepark für alle Rollsportarten zu bieten. Die Rampenlandschaft ist individuell, contestfähig und wird den Anforderungen von Einsteigern und Profis gerecht. Ob Inlineskater, Skateboarder, BMX- oder Stuntscooterfahrer, hier kann man sich so richtig professionell austoben.

Auch wenn in den letzten Jahrzehnten Beliebtheit und Popularität deutlich gestiegen sind, gelten Skateboarden und Co. immer noch als Randsportarten. Um diesen eine Plattform zu geben, gründeten 2000 drei skatebegeisterte Männer den Verein »Playground«. Jann Rosskamp, Mark Bultmann und Michael Hinrichs möchten aber nicht nur ihren Sport bekannt machen und sich bei den Gemeinden für dessen Förderung einsetzen. Vielmehr sehen die drei erfahrenen Skater »Playground« als einen gemeinnützigen Verein, der sich die Förderung von Kindern und Jugendlichen im Skatesport zur Aufgabe gemacht hat. Die Mitglieder von »Playground« kommen nicht nur in den Genuss von regelmäßigem Training und Trainingscamps, sie haben auch vergünstigten Eintritt in der Skatehalle und sind über den Verein unfallversichert. Außerdem organisiert »Playground« regelmäßig Fahrten zu Contests, Jams oder Skatehallen in ganz Deutschland. Dieses Angebot macht den Verein in Norddeutschland einzigartig.

2002 hat »Playground« die Skatehalle Aurich übernommen und sie mit dem Umbau 2009 endgültig zu einer angesagten Location des Skatesports gemacht, die sich bundesweit messen kann.

Die Skatehalle kann nicht nur zu den regulären Öffnungszeiten besucht, sondern auch für Kindergeburtstage und Privattrainings gebucht werden. Ein attraktiver Loungebereich rundet das coole Sportangebot ab.

Adresse Finkenburgweg 9a, 26603 Aurich | Öffnungszeiten Winterzeit Mo–Do 12–20 Uhr, Fr 12–22 Uhr, Sa, So 10–20 Uhr, Sommerzeit täglich 12–20 Uhr (auch feiertags) | Tipp Immer noch Energie? Gerade mal einen Kilometer entfernt spielen sich die Sportler vom Auricher Tennis-Club die Bälle zu. Besucher und Mitspieler sind herzlich willkommen.

77_Das Porschemuseum

Mehr als nur eine Schatzkiste für Treckerfans

Kennen Sie das Gefühl, ohne große Erwartungen irgendwohin zu gehen und dann plötzlich aus dem Staunen nicht mehr herauszukommen? Wem nach einem solchen Erlebnis zumute ist, der sollte sich dringend das Auricher Porsche-Museum ansehen. Mit Detlef Kleemeyer hat dort ein absolut begnadeter Schrauber, Bastler und Sammler in seinen privaten Räumen ein kleines Reich geschaffen, dessen Mittelpunkt 13 knallrote Porsche-Traktoren bilden.

Alles fing damit an, dass Kleemeyer 1957 mit seiner Ausbildung zum Landmaschinenmechaniker in der damaligen Auricher Porsche-Diesel-Generalvertretung an der Esenser Straße begann. Diese Firma gibt es natürlich schon lange nicht mehr, schließlich stellte Porsche bereits 1963 die Produktion von Traktoren ein. Wie gut jedoch, dass aus dem Azubi von einst ein Experte wurde, der in Porsche-Insiderkreisen längst als Geheimtipp gilt. Seine Arbeit gilt als perfekt, schließlich weiß er genau, welches Teil wohin gehört, wenn er mal wieder einen vor der Verschrottung stehenden Traktor kauft und ihn ebenso liebevoll wie fachgerecht wiederherstellt. »Das sind alles meine Kinder«, sagt Kleemeyer mit Glanz in den Augen, wenn er seine roten Lieblinge betrachtet und den ein oder anderen probehalber startet. Denn: Alle Trecker funktionieren noch, betont der Profischrauber, und sie kämen immer noch problemlos durch den TÜV.

Doch nicht nur Porsche-Trecker hat Kleemeyer zu bieten. Hunderte von originalgetreuen Traktor- und Automodellen können besichtigt werden, ebenso wie Wandkalender aus den 1950er und 1960er Jahren, Miele-Fahrräder, Mopeds und Spielzeug aus dieser Zeit. Ein besonderer Hingucker und hier völlig unerwartet: ein Kostüm von Ex-ARD-Nachrichtensprecherin Dagmar Berghoff. Das hat er vor etlichen Jahren bei einer Aktion des NDR ersteigert. Dazu Kleemeyer schmunzelnd: »Es hat sogar noch nach ihrem Parfüm gerochen.«

Adresse Oldersumer Straße 76, 26605 Aurich-Haxtum | **Öffnungszeiten** nach vorheriger Anmeldung unter Tel. 04941/8981823 | **Tipp** Erst Porsche, dann »Pinte«! Ob nachmittags bei Kaffee und Kuchen oder abends bei Bier und Wein, die »Pinte« im Carolinengang ist ein gemütlicher Rückzugsort in der Innenstadt.

78_ProBier

Regionale Ansage der flüssigen Art

Aurich hat viele Orte, die »besünners« sind. Einer davon ist mit Sicherheit die »Stadtperle«. Diese Location nämlich vereint die Gastro-Merkmale Café, Restaurant und Bar auf besonders lockere Art. Aber das ist noch längst nicht alles. Denn die wahre Perle dieser Gaststätte ist die hauseigene Brauerei, in der seit 2012 das Auricher ProBier hergestellt wird.

Bis heute zeigen sich die Macher der Stadtperle vor allem brauereitechnisch sehr kreativ. Zu zahlreichen Anlässen lassen sie sich aktuelle Bierkreationen einfallen. Wer also beispielsweise im Sommer Lust auf ein kühles Erdbeerbier hat oder wem es in der Adventszeit nach einem Weihnachtsbier zumute ist, der befindet sich in der Stadtperle am richtigen Ort. Ansonsten produzieren die ProBier-Brauer Pils, Dunkles, Helles und Weizen.

Bei der Inbetriebnahme konnte natürlich noch niemand wissen, dass die Sache zu einer Erfolgsgeschichte auswachsen würde. Mit aller Vorsicht wurden die ersten Tests gefahren und schließlich erfolgreich abgeschlossen. ProBier besteht mittlerweile aus einem Sudwerk von zehn Hektolitern und verfügt über mehrere Tanks in Größen von zehn und zwanzig Hektolitern. Die Brauanlage ist mit einer vollautomatischen Steuerung versehen. So soll eine gleichbleibend hohe Qualität sichergestellt werden. Nach den ersten »ProBier-Versuchen« gab es seinerzeit sehr rasch grünes Licht für das ehrgeizige Hopfen-und-Malz-Projekt: So konnte der Premiere beim Stadtfest nichts im Wege stehen.

Seitdem feiert das ProBier seinen Siegeszug. Die Gäste schätzen aber nicht nur das hauseigene Getränk, sondern auch das flotte und heimelige Ambiente des Lokals. »Heel wat Besünners« ist neben der eigenen Brauerei auch die Kaminlounge mit Bibliothek. Auf der Speisekarte findet sich von Burgern über Salate und Pasta bis hin zu Fischgerichten für jeden Geschmack das passende Essen zum Bier.

Adresse Kirchdorferstraße 7, 26603 Aurich | **Öffnungszeiten** täglich geöffnet, Reservierungen unter Tel. 04941/9906923 | **Tipp** Nach dem leckeren Essen in der »Stadtperle« kann man die Kalorien in der Tanzbar im Untergeschoss einfach wegtanzen. Hier gibt's gute Musik, eine hochwertige Einrichtung und eine umfangreiche Getränkeauswahl – ein Muss für Nachtschwärmer.

79__Projekt Ohr

Hier spielt die Musik!

Wer denkt, Projekt Ohr sei eine normale Musikschule, der liegt weit daneben. Die Idee, die Uwe Aden und Stephan Adelmund 2015 beim Kaffeeschnack in den Sinn kam, ist längst zu einem Kunstprojekt geworden. Die Jungs von Projekt Ohr geben in ihrem Hauptquartier in der Kreuzstraße auch Musikunterricht. In Einzel- und Gruppenstunden werden Einsteigern und Fortgeschrittenen alle gängigen Instrumente der Rock- und Popmusik beigebracht. Aber das ist längst nicht alles.

Im Gegensatz zu konventionellen Musikschulen bekommt man bei Projekt Ohr das Musik-Komplettpaket. Aden, Adelmund und ihre Kollegen sehen sich als Künstlerkollektiv, das außergewöhnlich viele Bereiche der musikalischen Kunst abdeckt. So bietet Projekt Ohr neben dem Musikunterricht auch Bandsupport, CD-Aufnahmen und Videoproduktionen an. Außerdem vermittelt das Team Instrumente und Proberäume, berät seine Schützlinge bei Rechtsfragen und kümmert sich um Buchungen für Events. »Wir möchten unsere Musikschüler vom ersten Unterrichtstag bis zum erfolgreichen Konzert begleiten«, sagt Stephan Adelmund. Aber auch, wer nicht gleich eine Musikkarriere plant, sondern vielleicht einfach mal ein paar Akkorde auf der Gitarre lernen, einen Werbejingle oder einen Geburtstagsgruß aufnehmen möchte: Bei Projekt Ohr ist alles möglich, was irgendwie Töne macht.

Das außergewöhnliche Musikprojekt findet man nicht nur in seinen festen Räumlichkeiten, sondern an ganz vielen Orten in Aurich. »In fast allen Musikveranstaltungen und in vielen Einrichtungen steckt auch ein kleines Stück Projekt Ohr!«, erzählt der Musikalienkaufmann Stephan Adelmund stolz. Zusammen mit seinem Kollegen Uwe Aden, übrigens Musiklehrer, Tontechniker und DJ, will er einen Beitrag zur Auricher Kultur leisten und ein buntes Angebot für jeden Musikinteressierten schaffen. Projekt Ohr: Wirklich weit mehr als eine normale Musikschule.

Adresse Kreuzstraße 18, 26603 Aurich | **Anfahrt** Leerer Landstraße, rechts in die Kreuzstraße | **Öffnungszeiten** Büro Mo–Fr 16.30–18.30 Uhr, Termine nach Absprache unter Tel. 04941/9748987 | **Tipp** Wer sich zur Musik auch bewegen möchte, ist in der Tanzschule »Die 2 Tanzlehrer« in der Leerer Landstraße 72 gut aufgehoben. Vom Paartanz über Zumba bis hin zum Irish Stepdance kann man sich hier so richtig austoben.

80_Die Puppen

Viel mehr als nur Schnitzerei

Zugegeben, die zwei Meter hohen Eichenholzfiguren am Hafen mit den teils grimmigen Gesichtsausdrücken können erst mal abschreckend oder verwirrend auf den Betrachter wirken. In Ermangelung eines Infoschildes bleibt man leider auch mit seinen Gedanken allein. Dabei steckt so eine außergewöhnliche und positive Geschichte hinter den Puppen.

Die Holzfiguren entstanden 2013 im Rahmen eines Projekts der Kreisvolkshochschule. Menschen mit den unterschiedlichsten gesellschaftlichen, psychischen oder auch Suchtproblemen sollte mit Hilfe von verschiedenen Maßnahmen wieder zurück in den Alltag und in ein geregeltes Leben geholfen werden. Ziel: Resozialisierung, Motivation, Wiedereingliederung. Unter anderem gab es das Kunstprojekt unter der Leitung des Auricher Bildhauers Reinhard de Witt. Ein Dreivierteljahr arbeitete er mit den 16 Teilnehmern des Kurses einmal pro Woche, hatte also etwa 70 bis 80 Arbeitsstunden zur Verfügung.

Im Urlaub an der Ostsee hatte er die Idee für die Eichenholzfiguren, eine fertigte er, bewusst grob, vor. Der Kurs war eine spannende Aufgabe, nicht nur künstlerisch. Die besondere Herausforderung lag zunächst in der Motivation der Teilnehmer, aber das Projekt entwickelte sich prächtig. »Zuerst war ich auf der einen Seite des Tisches und die Teilnehmer auf der anderen, am Ende war da gar kein Tisch mehr«, schwärmt de Witt. Seine Schützlinge haben durch die regelmäßige handwerkliche und künstlerische Arbeit an neuem Selbstvertrauen und Motivation gewonnen, und einigen habe das Projekt tatsächlich aus ihrer Lebenskrise geholfen.

Die Puppen fanden ihren Ausstellungsort schließlich am Hafen, wo sie so aufgestellt wurden, wie sich die Kursteilnehmer damals in der Gruppenformation gesehen haben. Noch heute setzt Reinhard de Witt seinen Puppen in guter Erinnerung an das Kunst- und Sozialprojekt jedes Jahr zu Weihnachten rote Mützen auf.

Adresse Parkplatz Hafenkiste, Hasseburger Straße 22, 26603 Aurich | Öffnungszeiten jederzeit zugänglich | Tipp Nicht nur mit einem schönen Blick auf den Auricher Hafen lockt das Restaurant »Hafenkiste«. Eine kreative Speisekarte und ein selbst gebrautes Bier in modern-gemütlichem Ambiente sind gute Argumente für einen Besuch.

81_Die Reformierte Kirche

Einziger klassizistischer Zentralbau im Weser-Ems-Gebiet

Der Auricher Architekt und Baumeister Conrad Bernhard Meyer (1755–1830) hat sich mit diesem Bauwerk ein besonderes Denkmal gesetzt: Die Reformierte Kirche in der Kirchstraße ist der einzige klassizistische Zentralbau im Regierungsbezirk Weser-Ems. Zur Erklärung: Ein Zentralbau ist, im Gegensatz zum Längsbau, ein Gebäude, dessen Hauptachsen gleich lang sind. Der klassizistische Baustil folgte etwa 1770 bis 1840 auf den Barock und orientiert sich an antiken, vorwiegend griechischen, Bauten.

Und tatsächlich erinnert das von 1812 bis 1814 erbaute Gotteshaus im Auricher Stadtkern eher an einen antiken Tempel als an eine klassische evangelische Kirche. Das liegt vor allem an den vier großen dorischen Säulen, die den Kirchenvorbau tragen. Nach dem Vorbild des Pantheons in Rom ist die Kirche als Rundbau konzipiert, dessen Kuppel auf acht korinthischen Säulen steht.

Der Bau der Reformierten Kirche wurde unter anderem durch eine Spende Napoleons von 15.000 Franc finanziert. Der französische General wollte »einen der Stadt zur Zierde gereichenden Tempel« errichten lassen. Der Betrag reichte jedoch bei Weitem nicht aus, um die Kirche fertigzustellen. Der Bau kostete schließlich 15 Mal so viel und hätte die Gemeinde fast in den finanziellen Ruin getrieben. Das konnte nur durch die Spenden der lutherischen und der jüdischen Gemeinden verhindert werden.

Das Gotteshaus ist mit einer Orgel des Aurichers Gerd Sieben Janssen von 1838 ausgestattet, von der 35 Pfeifen bis heute im Original erhalten sind. Besonders kostbar ist das Abendmahlsgerät der Reformierten Kirche: Es wurde etwa 1730 in Augsburg erschaffen und stammt aus dem Besitz der ostfriesischen Fürstenfamilie Cirksena. Das Geschirr wird immer noch zum feierlichen Abendmahl genutzt und ist im Historischen Museum Aurich (siehe Ort 38) ausgestellt.

Adresse Kirchstraße 18, 26603 Aurich | Öffnungszeiten während der Gottesdienste, außerdem ist der Kirchenvorraum mit Blick in den Innenraum täglich 10–18 Uhr geöffnet | Tipp Beim Spaziergang über den Hohen Wall findet man einen etwas versteckten Gedenkstein, der an den ehemaligen Berliner Bürgermeister Ernst Reuter erinnert. Sein Großvater war Lehrer am Auricher Gymnasium Ulricianum.

82 Die Rennenden Pferde

Symbol für den Aufschwung

Das Glück der Erde liegt auf dem Rücken der Pferde. Zugegeben, der Spruch ist nicht neu, aber er stimmt. Und das sind keine romantisch verklärten Worte einer Pferdeliebhaberin – na ja, vielleicht ein bisschen –, sondern in diesem Fall auch schlicht und ergreifend Fakten. Zumindest der Stadt Aurich haben die stolzen Tiere schon vor Jahrhunderten weitreichende Bekanntheit, wirtschaftlichen Erfolg und großen Reichtum beschert.

Mit dem Bau der Lambertikirche zu Ehren des heiligen Lambert wurde Aurich um 1200 gegründet und 1276 zum ersten Mal offiziell in einer friesischen Rechtsaufzeichnung, dem Brokmerbrief, erwähnt. Im Laufe der folgenden Jahre entwickelte sich in der Stadt ein florierender Vieh- und Pferdemarkt. Aurich wurde dadurch als Zentrum Ostfrieslands weit über seine Grenzen bekannt. Handelswege führten bereits im 13. Jahrhundert bis in den Mittelmeerraum! So konnte die Stadt wachsen und sich entwickeln, und schließlich, unter den Herrschaften ostfriesischer Häuptlinge und Grafen und später unter unterschiedlichen Regierungen, zur heutigen heimlichen Hauptstadt Ostfrieslands werden.

An die Pferde, die im Mittelalter für den wirtschaftlichen Aufschwung der Stadt mitverantwortlich waren, erinnert heute noch die große Kreuzung »Am Pferdemarkt« im Zentrum der Stadt neben der Fußgängerzone. Den Tieren zu Ehren haben die Auricher ein Denkmal errichtet. Der Bildhauer Bonifatius Stirnberg aus Nordrhein-Westfalen entwarf die Bronzegruppe, die drei Pferde in Lebensgröße und in kraftvoller Bewegung darstellt. Der Künstler ist dafür bekannt, dass seine Skulpturen immer einen Bezug zur Geschichte der jeweiligen Stadt haben, wie auch im Falle der »Rennenden Pferde« auf dem ehemaligen Viehmarkt.

Und wenn man sieht, wie immer mal wieder ein strahlendes Kind auf den Rücken einer dieser Figuren klettert, ist ja wohl eines klar: Das Glück der Erde …

Adresse Am Pferdemarkt, 26603 Aurich | Öffnungszeiten jederzeit zugänglich | Tipp Eine weitere Bronzegruppe von Bonifatius Stirnberg gibt's in der Fußgängerzone zu sehen. Vor dem Gebäude der Ostfriesischen Landesbank stehen die »Beweglichen Tiere«.

83 Die Route 66

Motto: Freiheit!

Get your kicks on Route 66! In dem Bluessong von 1946 besingt Nat King Cole den Mythos der amerikanischen Freiheit: Wie es sich anfühlt, auf einer endlos erscheinenden Straße meilenweit Richtung Westen durch die USA zu fahren und dabei immer wieder neu inspiriert zu werden.

Das kann man auch in Aurich haben. Okay, die Straßen im LA (Landkreis Aurich) sind vielleicht nicht ganz so breit und endlos wie die der »Mutter aller Straßen« in Nordamerika. Und mit ihren etwa 250 Kilometern Fahrtstrecke ist die ostfriesische Route 66 auch etwas kürzer als der ursprünglich 2.451 Meilen lange US-Highway von Chicago in Illinois nach Santa Monica in Los Angeles. Aber: Das Gefühl der großen Freiheit, das ist durchaus vergleichbar. Wer auf seinem Motorrad, im Oldtimer oder wie auch immer auf der Route 66 in LA unterwegs ist, vergisst ganz schnell den Alltag und taucht in eine Entdeckungsreise auf den Fährten der bewegten Vergangenheit Ostfrieslands ein.

Nicht nur im Amerika wird und wurde der Begriff der Freiheit großgeschrieben. Auch die Ostfriesen haben hierzu eine durchaus besondere Historie vorzuweisen. Zu Zeiten der Feudalherrschaft in Europa im Mittelalter behaupteten die Freien Landesgemeinden im Bund der »Sieben Seelande« nämlich über lange Zeit ihre Unabhängigkeit. Die Route 66 in LA heißt nicht umsonst auch Häuptlingsroute. Denn auf genau deren Spuren begibt man sich hier.

Die Route startet im Mittelpunkt Ostfrieslands in Aurich am Wellnesshotel Köhlers Forsthaus. Von hieraus führt Kalle Altmann, ein ehemaliger Kunstlehrer und Ostfriesland-Experte, auf der Route 66 durch mehrere ostfriesische Landkreise, auch an der Nordseeküste entlang, zu den verschiedenen Sehenswürdigkeiten. Perfekt für Motorrad-, Oldtimer- und Cabriofreunde auf historischen Spuren und auf der Suche nach Freiheit. Ein Hauch von Amerika mitten in Aurich.

Adresse Köhlers Forsthaus, Hoheberger Weg 192, 26605 Aurich-Wallinghausen, www.koehlers-forsthaus.de | **Öffnungszeiten** Tour-Termine Oldtimer siehe Homepage und nach Vereinbarung | **Tipp** Lust auf eine Tour außerhalb Ostfrieslands? Der Reiseveranstalter »Windlooper« organisiert auch Reisen mit Motorrad, Cabrio oder Oldtimer nach Irland, Italien oder in die Alpen.

84 Der Rudolf-Eucken-Gedenkstein

Nobelpreis für eine Weltanschauung

Beinahe hätte er nicht mal seine Kindheit überlebt. Als Einjähriger fast an einem verschluckten Vorhängeschloss erstickt, überlebte Rudolf Eucken daraufhin das Scharlachfieber und konnte nur knapp vor dem Erblinden gerettet werden. Auch sonst hatte der am 5. Januar 1846 in der Osterstraße 27 in Aurich geborene Eucken keinen leichten Start ins Leben: Im Alter von nur vier Jahren verlor er erst seinen jüngeren Bruder und nicht viel später seinen Vater. Und dennoch: Rudolf Christoph Eucken wurde zu einem der berühmtesten Söhne Aurichs.

Nach dem Abitur am Gymnasium Ulricianum studierte er Philosophie und Altphilologie in Göttingen und Berlin, um dann als Gymnasiallehrer in Husum, Berlin und Frankfurt zu arbeiten. Später lehrte er an den Universitäten in Basel und Jena. Der Philosoph heiratete 1882 und wurde Vater von drei Kindern. Eucken blieb zwar bis zu seinem Tod am 15. September 1926 in Jena, fühlte sich seiner alten Heimat aber immer sehr verbunden. Über Aurich schreibt er in seiner Biografie: »Die Stadt hat eine besondere geistige Atmosphäre, die wohl als eine glückliche gelten durfte. Ruhe und Frieden, welche durch keine Eisenbahn gestört wurde, herrschten überall, und jeder konnte seinen Liebhabereien nachgehen.« Außerdem lobt er Aurichs anmutige Natur mit ihren Wäldern und kleinen Gehölzen.

Rudolf Eucken verfasste zahlreiche philosophische Schriften. Er erhielt dafür als zweiter Deutscher überhaupt 1908 den Nobelpreis für Literatur. Eucken gilt als Begründer des Neu-Idealismus. Er sah die aufkommende Industrialisierung kritisch und forderte die Menschen auf, sich stärker mit der Natur auseinanderzusetzen.

Ein Gedenkstein auf dem Friedhof mit der Inschrift »Was hulfe es dem Menschen wenn er die ganze Welt gewonne und nahme doch Schaden an seiner Seele« erinnert an den Nobelpreisträger.

Adresse Stadtfriedhof Aurich, Parkplatz Adolf-Dunkmann-Straße 11, 26603 Aurich | **Tipp** Wer sehen möchte, wo Rudolf Eucken geboren ist, der muss einen Abstecher in die Osterstraße 27 machen. An seinem Geburtshaus erinnert eine Gedenktafel an den Nobelpreisträger.

85 Der Saftladen

Mit Obst hin, mit vollen Flaschen zurück

Süß, lecker und voller Natur. Und dabei ist sie gewiss kein Unternehmen wie alle anderen. Denn wer die Auricher Süßmost GmbH besucht, merkt schnell: In diesem Betrieb wird nachhaltig produziert.

Doch erst mal ein paar Zahlen und Fakten. Die Auricher Süßmost befindet sich seit 1991 im Industriegebiet Nord von Sandhorst/Tannenhausen. Das Gelände umfasst eine Fläche von rund eineinhalb Hektar. Die Mitarbeiter produzieren im Durchschnitt 10.000 Flaschen Saft pro Tag.

Seit der Gründung im Jahr 1941 ist viel passiert. So hat sich die Firma von einer traditionellen Apfelkelterei zu einem modernen Industriebetrieb entwickelt. Natürlich weiß das Management, dass es auf Naturprodukte auf hohem Level angewiesen ist. Deshalb gehört es zu den Grundsätzen der Firmenphilosophie, Verantwortung für die Umwelt zu übernehmen und Ressourcen zu schonen. Nachhaltigkeit spielt daher die zentrale Rolle. Und weil bei der Saftproduktion eine Menge Energie benötigt wird, ist es umso wichtiger, ausschließlich Öko-Strom zu nutzen. Die Dächer sind zudem mit Fotovoltaik-Anlagen ausgestattet. Momentan werden so 120 Prozent des eigenen Bedarfs an Strom produziert.

Etwas ganz Besonderes ist das Auricher Lohnmost-System. Das bedeutet, dass jeder sein selbst angebautes Obst im Betrieb abgibt und dafür leckeren Saft wiederbekommt. Wer also im heimischen Garten mehr Äpfel und Birnen geerntet hat, als er essen kann, der bringt sie kurzerhand zur Auricher Süßmost. Dort wird das Obst gewogen und danach ein entsprechender Gutschein ausgestellt. Damit können die Kunden dann aus mehr als 40 Saftsorten wählen und diese zu einem günstigeren Preis einkaufen. Die Natursäfte aus Aurich gibt es nicht nur im Handel, sondern auch im hauseigenen Saftladen. Und der wird bei den Kunden immer beliebter. Schließlich ist er ein Saftladen, der seinem Namen wirklich alle Ehre macht.

Adresse Kreihüttenmoorweg 11, 26607 Aurich-Tannenhausen | **Anfahrt** über Dornumer Straße | **Öffnungszeiten** Mo–Fr 9–13 und 14–17 Uhr | **Tipp** Von süßem Saft zu süßem Honig! Die »Lüttje Imkeree« in der Kirchdorferstraße 71 hat außerdem noch viele weitere Bienenprodukte, Kerzen und Imkereibedarf im Angebot.

86 Die Sandhorster Ehe

… in guten wie in schlechten Zeiten

Um eins direkt zu klären: Die Sandhorster Ehe ist weder ein Modell zum Erhalt einer besonders langen und glücklichen Beziehung, noch einer der vielen ostfriesischen Bräuche zum Hochzeitstag. Ehe bedeutet in diesem Fall »kleiner Fluss« und stammt vom altfriesischen »*ē*« für Wasser ab. Die Sandhorster Ehe, das ist Aurichs einziger Naturbach, das einzige Fließgewässer der Stadt.

Ihren Ursprung hat die Ehe im Stadtteil Plaggenburg, nahe der Grenze zu Sandhorst, und sie mündet bei Westerende-Kirchloog in den Ringkanal. Der genau 11,959 Kilometer lange Fluss, der auf natürlichem Weg aus einer eiszeitlichen Eisschmelze entstanden ist, mündete früher in die Ems. Doch im Laufe der Jahre hat sich viel verändert. Und, wie das so ist, die Allianz zwischen Natur und Mensch hat nicht immer beiden Seiten gutgetan: Durch die zunehmende Bebauung in Flussnähe auf Kosten der Grünflächen kam es zu einem Hochwasserproblem. Eine Lösung musste her, und das Ganze ging, wie so oft, auf Kosten der Ehe, die an vielen Stellen rigoros begradigt wurde.

Als dann Ende der 1980er Jahre der komplette Ausbau der Ehe zur Debatte stand, meldeten sich, zum Glück, die Naturschützer zu Wort. Der Ehestreit endete mit dem Kompromiss, dass zumindest der Oberlauf renaturiert werden sollte. Ziel: zurück zum Bach, zum mäanderartigen Verlauf, zu unterschiedlichen Flussbreiten und Fließgeschwindigkeiten.

So haben wir es den umfangreichen Renaturierungsarbeiten von 2011 bis 2013 zu verdanken, dass wir die Ehe heute wieder weitgehend, auf einem Großteil der Strecke vom parallel verlaufenden Wanderweg begleitet, in ihrer ursprünglichen Schönheit genießen dürfen. Mit Steinklee, Gilbweiderich, Weiden und Erlen an ihrem Ufer und verschiedenen Tierarten wie Grasfrosch oder Flussregenpfeifer, die hier wieder einen Lebensraum finden. Und die sich, wer weiß, vielleicht sogar ewig binden.

Adresse verläuft von Aurich-Plaggenburg bis nach Westerende, ein schöner Besichtigungspunkt ist die kleine Brücke am Ortseingang von Walle (Wallster Weg) | Tipp Hier ist der Name wirklich Programm: Im Hotel »Hochzeitshaus«, einer Stadtvilla mit 14 Zimmern in der Bahnhofstraße, kann man nicht nur prima das Fest der Liebe feiern, sondern auch verschiedene kulinarische und musikalische Events genießen.

87 Der Schlachthof

Kinder, Jugend und viel Geschichte

Ein unverzichtbarer Bestandteil der Kinder- und Jugendarbeit in der Stadt Aurich ist das Jugendzentrum Schlachthof. Es gibt diese Einrichtung seit 1980, und sie hat sich als fester Treffpunkt für den Auricher Nachwuchs immer wieder aufs Neue etabliert. Zu den elementaren pädagogischen Angeboten gehören nicht nur Aktionen in Sachen Musik, Kunst und Kultur, sondern zum Beispiel auch Ferienangebote und Kinderworkshops. Außerdem werden im Schlachthof jungen Auricher Bands Proberäume zur Verfügung gestellt. Fetzige Konzerte der sogenannten musikalischen Underground-Kultur wie Metal und Ska sowie Punkrock-Gigs stehen immer wieder auf dem reichhaltigen Programm. Auch das »SchwuLesbische Quercafé« fand hier seinen Platz.

Beim Schlachthof handelt es sich um ein großzügiges Gebäudeensemble. Es steht unter Denkmalschutz. Dazu gehören das ehemalige Kühlhaus, die Kleintierschlachthalle, ein Ziegelbau, die frühere Rinderschlachthalle sowie ein Wohnhaus. Diese Gebäude entstanden teils zwischen 1889 und 1900. Etwa ab 1926 führte der jüdische Viehhändler und Schlachtermeister Ruben Samson das Schlachtunternehmen. Bis 1937 konnte er es den Überlieferungen nach erhalten; dann wurden er und seine Familie vertrieben. Am 29. Juli 1942 deportierten die Nazis Ruben, dessen Bruder Abraham und dessen Frau Hedwig nach Theresienstadt. Der Aufenthalt dort war für Ruben nur von kurzer Dauer: Bereits am 23. September 1942 wurde er gemeinsam mit seinem Bruder ins Vernichtungslager Treblinka gebracht. Dort verliert sich die Spur der beiden Männer.

Das heutige Jugendzentrum ist als Teil der offenen Kinder- und Jugendarbeit eine hochgeschätzte Einrichtung. Um den gepflasterten Innenhof gruppieren sich das alte Wohnhaus für Verwaltung und Gruppenräume, die Halle I für Veranstaltungen, die Halle II (Jugendcafé mit Internetcafé), die Werkstatt und die »Ruine« mit den Proberäumen.

Adresse Breiter Weg 24, 26603 Aurich | **Öffnungszeiten** Di, Mi, Do 15–20 Uhr, Fr, Sa 16–22 Uhr, ab 19 Uhr ist der Café-Bereich nur den Jugendlichen ab 14 Jahren zugänglich | **Tipp** Im Familienzentrum direkt nebenan gibt's ein vielfältiges Angebot zu den Themen Begegnung, Bildung, Betreuung, Austausch und Freizeitangebote und außerdem im »Elk un Een« leckeres Essen zu erschwinglichen Preisen.

88 Das Schloss Sandhorst

Vom Lustschloss zum Gästehaus

Graf Ulrich II. aus dem Hause Cirksena muss seine Gräfin Juliane von Hessen-Darmstadt sehr gemocht haben. Nachdem er ihr schon 1640 den Lustgarten Julianenburg neben dem Auricher Schloss hat anlegen lassen, ließ er ihr sieben Jahre später in Sandhorst gleich ein ganzes Lustschloss bauen. Wie praktisch, dass auf dem Gelände, das Ulrich den Erben des verstorbenen ostfriesischen Kanzlers Dothias Wiarda abkaufte, bereits ein ansehnlicher Meierhof stand. Das Gebäude auf dem 1612 erworbenen Areal hatte der Kanzler als Sommerwohnung genutzt.

Das Lustschloss, damals wie heute in waldreicher Umgebung gelegen, bestand aus einem Hauptflügel und zwei Nebenflügeln, und es enthielt unter anderem eine eigene Kapelle, in der der Hofprediger jeden Sonntag eigens für die Familie des Grafen predigte. Außerdem ließ Graf Ulrich II. auch hier einen Landschaftspark rund um das Schlösschen für seine Gemahlin anlegen. Und das alles, während der Dreißigjährige Krieg noch in vollem Gange war.

Anders als die Gattin dürfte sich die Bevölkerung Aurichs über den Bau des Sandhorster Schlosses nicht unbedingt gefreut haben. Denn Ulrich, dem ein Hang zu Alkohol und üppigen Speisen nachgesagt wird, soll sich in Bezug auf den Dreißigjährigen Krieg in Ostfriesland in seiner Rolle als Graf eher passiv verhalten haben. Da war es seiner Beliebtheit beim Volk sicher nicht besonders zuträglich, dass er ein Schloss bauen ließ, während die Bevölkerung Ostfrieslands Hunger litt.

In den Folgejahren diente das Sandhorster Schloss der Familie Cirksena als Sommerresidenz oder Witwensitz, und nach deren Aussterben 1744 wurde das Gebäude dem Verfall überlassen. Auf den Kellergewölben des ehemaligen Südflügels errichtete im 19. Jahrhundert Familie Kempe das Gebäude, wie es heute zu sehen ist. Es dient der Auricher Windkraftenergiefirma Enercon als Gästehaus.

Adresse Landratsholz 2, 26607 Aurich-Sandhorst | **Anfahrt** Dornumer Straße, das Schloss ist direkt rechts an der Kreuzung zur Esenser Straße | **Öffnungszeiten** von außen zu besichtigen | **Tipp** Wer den Sprung von der Vergangenheit in die Zukunft machen möchte, kann sich das Forschungszentrum der Firma Enercon in Sandhorst ansehen. Der futuristische Bürokomplex ist 16.000 Quadratmeter groß und bietet 700 Ingenieuren Platz.

89 Der Schneckenhügel

Relikt aus der Zeit der Stadtwälle

Aurich hat einen Schneckenhügel? Versteckt sich da etwa ein unbekannter Kriechtierzoo in der Innenstadt? Auch wenn man es beim ersten Hören vermuten könne, der Schneckenhügel am Auricher Schloss hat nichts mit den kleinen Weichtieren zu tun. Vielmehr ist er ein Überbleibsel aus der Zeit, in der die Stadt sich noch mit Wällen und Schanzen gegen seine Angreifer verteidigen musste. Der im Zusammenhang mit dieser Aufgabe eher niedlich klingende Name stammt aus dem Dänischen »sneglehøj« und bezeichnet eigentlich eine Art Grabhügel. Der sogenannte Schneckenhügel am Auricher Schloss war allerdings einst Teil einer Schanze der Burgbefestigung.

Die Adelsfamilie Cirksena ließ 1447 gegenüber der Häuptlingsburg tom Brook (heute steht hier das »Hotel am Schloss«) die Averborg erbauen. Das dreigeschossige Gebäude mit den vier Ecktürmen war von einem hohen Wall und Gräben umgeben. Außerdem schützte sich der dicht besiedelte Stadtkern nach außen mit weiteren Wällen als Verteidigungsanlagen, die nach der Sächsischen Fehde und einem verheerenden Brand der Stadt Anfang des 16. Jahrhunderts erheblich verstärkt wurden.

Die Wälle wurden nochmals ausgebaut, als Aurich 1644 im Dreißigjährigen Krieg von hessischen Truppen bedroht wurde, verloren im Laufe der folgenden Jahrhunderte allerdings immer mehr an Bedeutung. Heute sind, in fast ursprünglicher Höhe, nur noch der Nürnburger und der Hohe Wall erhalten und als Grünanlage und Fuß- und Radweg ausgebaut. An die im Laufe der Jahre verschwundenen Wallanlagen erinnern noch die Straßennamen Georgswall und Große Mühlenwallstraße.

Das heutige Auricher Schloss steht auf den Grundmauern der Averborg von Ulrich Cirksena aus dem 15. Jahrhundert. Es wurde von 1851 bis 1855 unter der Leitung des Landbaumeisters Ernst Heinrich Blohm erbaut. Neben dem Schneckenhügel ist auch noch ein Teil des ehemaligen Burggrabens erhalten.

Adresse Schlossplatz 5, 26603 Aurich (Marstallgebäude), von dort aus zu Fuß, hinterer Schlossbereich Richtung Julianenburger Straße | Tipp Auch das »Kattul« (Käutzchen) hat nichts mit Tieren zu tun. Die beliebte Szenekneipe am Georgswall gibt es seit 1983.

90 Das Schützenhaus

Zwischen Königskette und Lasermesstechnik

Die Geschichte der Auricher Schützen ist in der Tat eine Besondere, und sie reicht, zusammen mit der der Bürgerwehr, bis ins 17. Jahrhundert zurück. Genauer gesagt: Bei dem ersten sicheren Hinweis auf ein Vogelschießen als Vorläufer der heute bekannten Schützenfeste handelt es sich um einen aus dem Jahr 1616 stammenden Silbervogel. Und der ist aus den Annalen des Vereins nicht mehr wegzudenken. Denn auch heute noch ziert er die altehrwürdige Königskette. Fest steht derweil auch: Mit diesen Überlieferungen ist der Schützenverein Aurich der zweitälteste seiner Art in ganz Ostfriesland, nur die Emder Schützengilde hat noch mehr Vergangenheit zu bieten.

Nach den üblichen Höhen und Tiefen begann für den Schützenverein Aurich Ende des vorigen Jahrhunderts der Umbau zum Sportverein mit einer Traditionsabteilung. Gleichzeitig kam es zu der Namensänderung in ASV Aurich (Auricher Schützenverein).

Das Gelände an der Schützenstraße beruht übrigens auf einer Schenkung aus den 1930er Jahren. Auf der Fläche der früheren Kaufhalle befand sich bis 1972 der Schützenplatz. Und genau dort stand bis dahin das alte Schützenhaus. Und weil der Verein sich damals wirtschaftlichen Schwierigkeiten ausgesetzt sah, verpachtete er das Areal von satten 15.000 Quadratmetern an die Kaufhalle AG. 1980 schließlich bauten die Schützen ihr neues Domizil ein paar Meter davon entfernt neu.

Das letzte große Schützenfest feierten die Auricher 2016 anlässlich ihrer 400-Jahr-Feier. Heute werden der König, die Königin und deren Gefolge nur noch intern ausgeschossen. Das allerdings mit Technik 3.0 auf der modernsten Schießanlage Ostfrieslands und mit Hightech-Waffen mit Lasermessung. Die Woche über messen sich die Schützen im Bogen-, Großkaliber-, Pistolen- und Luftgewehrschießen. Im modernen Schützenhaus finden außerdem Vorträge über die Geschichte der Stadt Aurich statt.

Adresse Schützenstraße 6, 26603 Aurich | **Öffnungszeiten** Jeden Dienstag können auch Gäste ab 18 Uhr zum Probeschießen kommen. | **Tipp** Alle, die ein etwas ruhigeres Hobby bevorzugen, können ja mal in der ak-Töpferei im Breiten Weg 56 vorbeischauen. Hier gibt's Keramik für Haus und Garten.

91 Die Seifenmanufaktur

Thalasso fürs Badezimmer

In Wallinghausen hat Lisa Kutschker den wohl am besten duftenden Arbeitsplatz von ganz Aurich. In der kleinen Seifenmanufaktur »Care« stellt sie seit 2005 Naturkosmetik her. Seifen, Shampoo, Rasierschaum – die in reiner Handarbeit produzierten und liebevoll verpackten Produkte sind in dem kleinen Verkaufsraum neben der Werkstatt drapiert.

Das Besondere an den Kosmetika der Seifenmanufaktur ist, dass sie sehr natürlich und auf der Basis biologischer Öle hergestellt werden und ohne chemische Zusätze und Mikroplastik auskommen. »Das tut der Haut und der Umwelt gut!«, sagt Lisa Kutschker. Die Unternehmerin führte 15 Jahre lang einen eigenen Bioladen, hatte schon immer eine Vorliebe für Naturkosmetik. Nach einem Urlaub in Südfrankreich entschloss sie sich, zu Hause selbst Seife in ökologischer Qualität herzustellen. Anfangs pflückte Kutschker den Sanddorn noch selbst, presste ihn mühsam aus und produzierte so ihre erste Seife. Mittlerweile beinhaltet ihr Sortiment über 50 verschiedene Kosmetikprodukte, wobei der Fokus ganz klar auf dem Thema Thalasso liegt: Kutschker verwendet für ihre Seifen echten Nordseeschlick, Meersalz und Meerwasser.

Das Herstellungsverfahren hat sie sich selbst beigebracht. Dabei halfen ihr die Kenntnisse über ätherische Öle und Rohstoffe, die sie in den Jahren als Besitzerin des Bioladens gesammelt hatte.

Mittlerweile sind die Produkte von »Care« in Geschäften auf allen ostfriesischen Inseln sowie in den Nationalparkhäusern entlang der Küste zu finden. Lisa Kutschker verschickt die Auricher Seifen quer durch Deutschland, von Sylt bis in den Taunus. Oft werden die Produkte für die Auftraggeber speziell entworfen und mit einem eigenen Branding versehen. So haben beispielsweise das Badehaus Norderney und das BadeWerk Neuharlingersiel eigens für sie hergestellte Seifen aus Aurich mit individuellem Design und eigener Duftkombination.

Adresse Wallinghausener Straße 116, 26605 Aurich-Wallinghausen | **Anfahrt** Fockenbollwerkstraße in Richtung Wallinghausen, links auf die Wallinghausener Straße und vorbei an der Ubbo-Emmius-Klinik | **Öffnungszeiten** Di–Fr 10–13 Uhr oder nach vorheriger Anmeldung unter Tel. 04941/9949780 | **Tipp** Apropos gesund und schön: An der Leerer Landstraße 65, keine zehn Minuten entfernt, erwarten Sie im WellnessHaus Massage, Kosmetik, Pediküre und vieles mehr.

92 Der Silbersee

Eine Schatzkiste voller Ruhe und Erholung

Wer ein Freund von Karl May und dessen Geschichten mit Winnetou, Old Shatterhand und all den raubeinigen Banditen im Wilden Westen ist, der spitzt beim Wort »Silbersee« sicher ganz schnell die Ohren. Da war doch was! Allerdings: der »Schatz im Silbersee«. In der Tat, dieser Klassiker hat sowohl als Buch wie auch als spannend-kitschiger Kinoklassiker mit Pierre Brice, Lex Barker und Götz George Millionen Menschen (an die Leinwand) gefesselt. Nun, der Auricher Silbersee hat mit seinem berühmten Bruder aus dem Wilden Westen nichts zu tun, und auch ein Schatz ist dort bis heute noch nicht gefunden worden. Aber: Das im Ortsteil Tannenhausen beheimatete Vorzeige-Biotop ist trotzdem ein wahrer Schatz; für alle Erholungssuchenden von nah und fern nämlich.

Vor vielen Jahren genossen es nicht nur die Auricher, sondern auch zahlreiche Feriengäste, in dem schönen Waldsee baden zu gehen. Besonders Kinder und Jugendliche konnten sich dort im Sommer so richtig wild austoben. So mancher Winnetou fand hier seinen Old Shatterhand. Mittlerweile ist das Baden allerdings aus Naturschutzgründen nicht mehr erlaubt.

Für die Naherholung und mit Blick auf den Tourismus in Aurich stellt dies aber kein Problem dar, weil es ganz in der Nähe den Badesee Tannenhausen gibt, und der kann wahrlich mit einem Top-Angebot aufwarten (siehe Ort 64). Insofern empfehlen die ostfriesischen Touristiker, den Silbersee gezielt aufzusuchen, um in dem ruhigen Waldstück des Meerhusener Forsts Entspannung zu finden und die Seele mal so richtig baumeln zu lassen.

Ein wahres Wort, denn der idyllische Waldsee strahlt in der Tat eine ganz besondere Stille aus. Mit diesem Attribut ist er zwischenzeitlich zum absoluten Geheimtipp all derer geworden, die Ruhe und Abgeschiedenheit in besonderer Weise zu schätzen wissen. Hier lässt es sich prima entspannen und lesen – zum Beispiel Karl May.

Adresse an der Dietrichsfelder Straße zwischen Tannenhausen und Dietrichsfeld | Anfahrt über Dornumer Straße | Tipp Winnetou wären sie vielleicht etwas zu klein gewesen, aber für Ponyliebhaber lohnt sich ein Besuch der Shetlandzucht »Ponygestüt Silbersee« an der Dietrichsfelder Straße 15.

93 Der Sous-Turm

Ist das Kunst oder kann das weg?

Beim Thema Kunst scheiden sich ja bekanntlich die Geister. Genauso ist es auch beim Auricher Sous-Turm auf dem Marktplatz. Für die einen ist er ein interessantes Kunstobjekt, die anderen nennen ihn nur spöttisch »Luftquirl« oder »Weltraumpenis«. Und während die einen meinen, Aurich sei durch ihn um eine attraktive Sehenswürdigkeit reicher, so ist er für die anderen einfach nur ein Haufen Schrott.

Der Begriff Schrott ist streng genommen gar nicht mal so falsch. Der Turm besteht tatsächlich zu großen Teilen aus Abfällen aus dem Forschungszentrum in Jülich. Erschaffen hat das zehn Tonnen schwere Kunstwerk, dessen Zentrum ein 25 Meter hohes, mit Plexiglas verkleidetes Stahlrohr bildet, Albert Sous. Der Metallbildhauer aus Würselen in Nordrhein-Westfalen hat den Turm 1990 im Auftrag der Stadt Aurich angefertigt. So schmückt er nun (mehr oder weniger) seit fast 30 Jahren den Auricher Marktplatz, der übrigens im Verhältnis zur Größe der Stadt sehr weitläufig und einer der größten Marktplätze in ganz Norddeutschland ist.

Die Diskussion unter den Aurichern wird wohl so schnell nicht enden. Aber wer weiß, vielleicht ist genau das die Intention des Künstlers. Der aus der Nachbarstadt Emden stammende Verleger und Publizist Henri Nannen äußerte sich folgendermaßen zum Stahlkoloss in der Innenstadt: »Der Turm in Aurich ist anstößig, und Kunst muss Anstöße geben, also anstößig sein.« Sein Zitat ist sogar auf einem am Turm des Anstoßes eigens angebrachten Schild zu lesen.

Ach ja, für alle, die sich noch fragen, was uns der Künstler damit eigentlich sagen will: Laut Albert Sous soll der Turm verschiedene Zivilisationsstufen darstellen. Und ob man ihn nun schön findet oder nicht, ein Touristenmagnet und ein beliebtes Fotomotiv ist der Sous-Turm allemal. So wird er zumindest über die Grenzen Ostfrieslands hinaus bekannt, unser umstrittener Auricher Tauchsieder.

Adresse Marktplatz, 26603 Aurich | **Öffnungszeiten** jederzeit zugänglich | **Tipp** Genauso umstritten, was Optik und Nutzung angeht, ist die Markthalle auf dem Marktplatz. Unter ihrem Dach sind verschiedene Lebensmittelfachgeschäfte und Imbisse vertreten.

94_Die Sparkassen-Arena

Von Spitzen-Handball bis Alice Cooper

Man muss diese Atmosphäre wirklich einmal erlebt haben. Wenn die Handballer des Ostfriesischen Handball Vereins (OHV) Aurich zu einem Heimspiel in der Sparkassen-Arena antreten, dann brennt die Bude. Denn nicht nur, dass die Sportler alles geben, auch die 1.200 Fans auf den Tribünen powern, was das Zeug hält, und machen so aus der hochmodernen Veranstaltungshalle für ihren Kult-Verein eine Pilgerstätte der besonderen Art; dann wird die rote Arena schnell zum OHV-Tempel.

Die Auricher Sparkassen-Arena, wegen des »Sparkassenrots« auch gern die rote Arena genannt, wurde 2009 in den Betrieb genommen. Ihre Dimensionen und Benutzeroptionen machen sie zu einer Multifunktionshalle, die in Ostfriesland ihresgleichen sucht. Die reine Nutzfläche beträgt 1.700 Quadratmeter, die Raumgestaltung ist flexibel. Der spezielle Schutzboden bietet zahlreiche Möglichkeiten für ein riesiges Veranstaltungsspektrum.

Auf einer maximalen Bühnenfläche von 208 Quadratmetern konnten sich schon Stars wie Chris de Burgh, Alice Cooper, Milow, Otto, die Ehrlich Brothers oder Carolin Kebekus austoben. Künstlern und Management stehen sechs Garderoben und ein Produktionsbüro zur Verfügung. Großzügig bemessene Flächen für Gastronomie und Merchandising komplettieren den Service. So sind seit 2009 in der Arena bereits massenweise erfolgreiche Konzerte, Unterhaltungsshows, Messen, Sportevents, Vorträge, Produktpräsentationen und Ausstellungen über die Bühne gegangen. Stehkonzerte erlebten und erleben bis zu 3.200 Besucher.

Der treueste Gast ist und bleibt der OHV Aurich. Dessen erste Mannschaft brennt in steter Regelmäßigkeit ihr sportliches Feuerwerk ab, zwischen 2004 und 2009 sogar in der zweiten Liga. Nach der zwischenzeitlichen »Erholungsphase« in der Oberliga Nordsee ist das Team wieder auf dem Weg nach oben, aktuell in der dritten Liga. Und wer weiß, vielleicht geht da ja noch viel mehr?

Adresse Emder Straße 4, 26603 Aurich | **Tipp** Mal keine Lust auf eine Großveranstaltung? Alles für einen gemütlichen Filmeabend zu Hause bekommen Sie in der Videothek »World of Video« schräg gegenüber in der Emder Straße 17a.

95_Die Stiftsmühle

Deutschlands höchste windbetriebene Kornmühle

Dem Heimatverein Aurich haben wir zu verdanken, dass die Stadt neben dem Lambertiturm noch ein weiteres, im wahrsten Sinne des Wortes herausragendes Wahrzeichen hat. Die Stiftsmühle an der Oldersumer Straße stand 1977 kurz vor dem Verfall, als sich der Heimatverein ihrer annahm und sie in den Folgejahren sogar zu einem Mühlenfachmuseum ausbaute. Nach einer umfangreichen Grundsanierung von 2000 bis 2002 ist der Gallerieholländer heute die höchste noch funktionsfähige historische Kornwindmühle in ganz Deutschland.

Mit ihren 29,95 Metern erhebt sich die Stiftsmühle aus dem mittlerweile eng bebauten Gebiet westlich der Innenstadt. Als der Müllermeister Hermann Knoop 1858 den Grundstein für die Stiftsmühle legte, stand diese noch weit außerhalb der Stadt und war eine von fünf Windmühlen in Aurich. Doch das heutige Kulturdenkmal hatte schon damals eine Besonderheit zu bieten: Die Kornwindmühle von Müller Knoop war die erste fünfstöckige Windmühle Ostfrieslands.

Die Stiftsmühle ist nicht nur wegen ihrer begehbaren Galerie in 17 Metern Höhe, die eine bemerkenswerte Aussicht über Aurich bietet, einen Besuch wert. Weil die alte Mühltechnik noch vollständig erhalten ist, kann man live dabei sein, wenn, exakt wie vor mehr als 150 Jahren üblich, Korn zu Mehl wird. Auf allen fünf Etagen der Stiftsmühle informiert das Mühlenfachmuseum mit Originalexponaten und Modellen über die Geschichte des Windmühlenwesens. Hierzu werden regelmäßig Führungen angeboten. Außerdem erfährt der Besucher in einem ostfriesischen Backhaus auf dem Mühlengelände, wie im 19. Jahrhundert aus dem frisch gemahlenen Mehl Brot gebacken wurde.

Wer nach so viel Information Hunger und Durst hat, sollte in die Ostfriesische Teestube »Kluntje« im ehemaligen Müllerhaus einkehren. Hier gibt es leckere Teesorten und selbst gebackenen Kuchen, und im »Teelädchen« noch das ein oder andere Souvenir.

Adresse Oldersumer Straße 28, 26603 Aurich | Öffnungszeiten Ende April–Okt. täglich außer Mo 12–16 Uhr, Führungen Sa um 16 Uhr, für Gruppen nach Vereinbarung | Tipp Ostfriesland ist ein Mühlenland! In der Egelser Straße 18–20 gibt's eine weitere zu bestaunen. Der Vosberg-Mühle ist außerdem ein Landhandel angeschlossen.

96_Das Strohabenteuer

Zwischen Melkhus und Alpakaführerschein

Wenn Snowflake, Roadrunner und Landboy ins Bild kommen, steigt die Stimmung ganz automatisch. Denn Alpakas sind einfach cool. Die aus den Anden stammenden Wiederkäuer haben einen ganz besonderen Charme. Seit Mai 2017 bietet Sigrid Awater auf ihrem Erlebnishof »Strohabenteuer« in Aurich-Middels Zeit mit den tollen Tieren an. Wer den »Alpakaführerschein« machen möchte, kann die drei auf der Weide streicheln und füttern, im Theorieunterricht etwas über die Tiere lernen und bei der Stallarbeit helfen. Am Ende gibt es ein kleines Quiz, und zur Belohnung eine Urkunde und eine Tüte Alpakavlies. Wegen ihrer therapeutischen Wirkung werden Alpakas auch Delphine der Weide genannt. Die pflegeleichten Tiere sind nicht angstbesetzt und spiegeln ganz besonders die Stimmung der Menschen wider.

Für die ganz Mutigen hat die Hofbesitzerin etwa zweistündige Spaziergänge mit den Alpakas im Angebot. Und das kann spannend werden. »Es dauert eine Zeit, bis sich Mensch und Tier aneinander gewöhnen, und man weiß nie, wie das Wetter ist und ob uns mal ein Fuchs oder ein Rebhuhn begegnet«, erklärt Siegrid Awater. Deshalb heiße der Erlebnishof auch »Strohabenteuer«.

Die gelernte Erzieherin hat mit dem Hof ihren Traum zum Beruf gemacht. Neben den drei Exoten aus Südamerika, deren Fell übrigens »Vlies der Götter« genannt wird, leben noch die Esel Tom und Jerry, Zwergziegen, Hühner, Hunde und Katzen auf dem familiengeführten Gulfhof.

Wer sich vor oder nach dem Alpakabesuch stärken möchte, kann das im angrenzenden Melkhus tun. Im ehemaligen Stall des Gulfhofs von 1910 gibt es Kaffee und selbst gebackene Kuchen und Waffeln, Eis, Frühstück und herzhafte Snacks. In einer »Schnüsterecke« stehen regionale Produkte wie Senf, Marmelade, Honig und Eier von den eigenen Hühnern und Dekoartikel aus der Umgebung. Außerdem schmücken wechselnde Kunstausstellungen den ehemaligen Pferdestall.

Adresse Westerlooger Straße 9, 26607 Aurich-Middels | **Anfahrt** Esenser Straße Richtung Middels | **Öffnungszeiten** Melkhus Mi–So 11–17 Uhr, Gruppen mit Anmeldung, Alpaka-Aktionen nach Vereinbarung unter Tel. 04947/5088580 | **Tipp** Lust auf noch mehr exotische Tiere? In Rechtsupweg in der Nachbargemeinde Brookmerland leben Strauße auf dem Hof »Straußen-Ei«!

97__Der Synagogenplatz

Gegen das Vergessen

Goldine Gruenberg, David Isaak Wolff, Johann Altgenug. Das sind nur drei der vielen Namen, die, zusammen mit den dazugehörigen Lebensdaten, auf den Breitseiten der Basaltsäulen zu lesen sind. In die schmalen Längsseiten sind die Namen der Lager eingraviert, in die die Menschen deportiert wurden: Auschwitz, Buchenwald, Sachsenhausen.

An dem Ort, an dem heute das Holocaust-Mahnmal steht, befand sich bis zum 9. November 1938 die Auricher Synagoge. Diese war im September 1811 nach den Plänen des Architekten Conrad Bernhard Meyer in der Kirchstraße erbaut und 1911 von der immer größer werdenden jüdischen Gemeinde renoviert und erweitert worden. Wie in ganz Deutschland begann auch hier für die Juden der Horror mit der Machtergreifung der Nationalsozialisten. Sie wurden systematisch enteignet, verfolgt und entrechtet. Im Zuge der Novemberpogrome setzte die nationalsozialistische SA die Synagoge am Hohen Wall in Brand. Nicht, ohne vorher die Feuerwehr zu alarmieren, damit diese verhindern konnte, dass das Feuer auf angrenzende Gebäude übergreift. Teil des fiesen Plans war auch, dass die vielen in der Nacht verhafteten Juden an der brennenden Synagoge vorbeigeführt wurden, um dann in der Landwirtschaftlichen Halle festgehalten und misshandelt zu werden. Doch die jüdische Gemeinde hielt bis zum bitteren Ende am Glauben fest: Bis zur Deportation der letzten Gemeindemitglieder feierten sie den Gottesdienst in den Wohnräumen der Lehrerwitwe Wolff im Krähennestergang.

Das Basaltsäulen-Denkmal am ehemaligen Standort der Synagoge ließ die Stadt 2002 durch den Steinmetz Bernd Clemenz errichten. 2007 ergänzte der Künstler es um eine weitere Steinsäule, auf der ein Modell der Synagoge steht. Zusätzlich wurde 2012 eine Granitplatte mit einem Pfeil, der in die Richtung der ehemaligen Synagoge zeigt, in das Pflaster vor dem Gebäude des Sozialgerichts eingelassen.

Adresse Am Hohen Wall, Ecke Friedhofstraße, 26603 Aurich | Öffnungszeiten jederzeit zugänglich | Tipp In den Monaten Mai bis Oktober gibt es jeden ersten Dienstag im Monat um 17 Uhr die Führung »Auf den Spuren des jüdischen Lebens«. Treffpunkt ist die Touristinfo Verkehrsverein Aurich am ZOB (Tel. 04941/6051189).

98 Das Teehäuschen

Vom Gartenhaus zum Kunstpavillon

Das Teehäuschen am Ellernfeld (Ellern ist ein norddeutscher Begriff für Erlen) südlich der Innenstadt blickt auf eine bewegte Vergangenheit zurück. Unter der Leitung des Auricher Architekten Conrad Bernhard Meyer wurde es Anfang des 19. Jahrhunderts als Gartenhaus (daher stammt der Begriff »Teehäuschen«) für den Lustgarten des Juristen und späteren Bürgermeister Christian Bernhard Conring erbaut. Die Architektur des im Stil des Klassizismus erbauten Teehäuschens erinnert an die Bauweise eines kleinen griechischen Tempels. Den Grundriss bildet die Form eines griechischen Kreuzes, und der Vorbau auf der nördlichen Hausseite steht auf vier stilisierten korinthischen Säulen.

Während der Zeit des Nationalsozialismus wurde das Gebäude von 1937 bis 1945 als Kindergarten genutzt und diente nach Ende des Zweiten Weltkriegs sogar als Obdachlosenunterkunft. Seit 1969 ist es im Besitz der Stadt Aurich, die dem Dresdner Kunstbildhauer Friedrich Büschelberger das Teehäuschen einige Jahre lang als Atelier und Wohnung zur Verfügung stellte. Von ihm stammt unter anderem die Skulpturengruppe »Das Moorbauernpaar« in der Auricher Fußgängerzone (siehe Ort 63).

Das Teehäuschen, das im Laufe der Jahre auch einige bauliche Veränderungen über sich ergehen lassen musste, wird seit 1992 vom Auricher Kunstverein genutzt. Der Ende der 1980er Jahre mit dem Ziel, die Kunstszene der Stadt zu fördern, gegründete Verein hat mittlerweile über 150 ehrenamtliche Mitglieder. Er organisiert regelmäßige Ausstellungen im Teehäuschen und dem angrenzenden Skulpturengarten, sowohl von Künstlern aus der Region als auch von national und international anerkannten Ausstellern. Bisher wurden im Teehäuschen schon über 50 Ausstellungen gezeigt. Kein Wunder also, dass das mittlerweile unter Denkmalschutz stehende Gebäude heute aufgrund seiner neuen Bestimmung »Kunstpavillon« genannt wird.

Adresse Am Ellernfeld 8, 26603 Aurich | **Öffnungszeiten** während der Ausstellungen Fr–So 15–18 Uhr, Informationen beim Kunstverein Aurich, www.kunstverein-aurich.de | **Tipp** Nach dem Zweiten Weltkrieg wurde die ehemalige Kaserne »Grauer Esel« als Zwischenlager für Kriegsflüchtlinge genutzt. Daran erinnert ein Gedenkstein am Ellernfeld.

99_Die Teemanufaktur

Viel mehr als nur Tee und heißes Wasser!

Alles begann 1986 mit der »Roten Grütze«. Der Klassiker aus Waldfrüchten war die erste Teemischung, die Angelika und Heinz-Jürgen Schäfer in ihrem kleinen Teehandel auf den Markt brachten. Und während die »Rote Grütze« immer noch ein absoluter Bestseller ist, hat sich die Teemanufaktur mit den Jahren zu einem florierenden Unternehmen und einer echten Kreativwerkstatt gemausert.

Die allermeisten ihrer Teesorten kreieren Angelika Schäfer und ihr Sohn Thorsten, die das Unternehmen mittlerweile leiten, selbst. Und das ist eben auch das Besondere. »Es gibt hier Tee, den man wirklich nirgendwo anders bekommt!«, sagt die Chefin. Über 470 verschiedene Tees werden in der Produktionsstätte in Großheide handgemischt und -verpackt.

Da gibt's zum Beispiel den »Ostfriesen-Lümmel«, mit Johannisbeer-Erdbeer-Brombeer-Note, den »Klabautermann«, der nach Whisky-Sahne schmeckt, oder den »Schietwetterkräutertee«. Aber auch die klassischen schwarzen und grünen Tees sowie exotische Varianten haben die Schäfers im Angebot. Dabei verwenden sie nur Früchte, die erntefrisch durch Gefriertrocknung haltbar gemacht werden. Dadurch sind keine Konservierungsstoffe nötig, und auch künstliche Aromen kommen hier nicht in die Tüte.

Was ihre Teekreationen angeht, lassen sie sich gern im Austausch mit ihren Kunden inspirieren. Und dann werden auch schon mal Komponenten wie Schokolade und Minze oder Sanddorn und Sahne kombiniert. »Mit Tee kann man viel mehr machen, als ihn mit heißem Wasser zu überbrühen«, erzählt Angelika Schäfer. »Unsere Tees lassen sich hervorragend zu Cocktails oder Likören verarbeiten, mit Sekt aufgießen und im Sommer als Eistees servieren.« Sogar Puddingrezepte mit den Mischungen aus der Teemanufaktur habe sie schon ausprobiert. Und wer es ganz pur mag, der kann aus verschiedenen Sorten gefriergetrockneter Früchte fürs Müsli oder Fruchtpulvern für leckere Smoothies wählen.

Adresse Burgstraße 33, 26603 Aurich | **Öffnungszeiten** Mo–Fr 10–18 Uhr, Sa 10–16 Uhr | **Tipp** Vielleicht doch was Stärkeres gefällig? Die Raucherkneipe und Cocktailbar »Brasserie« in der Marktpassage ist seit 1994 ein beliebter Treffpunkt in der Innenstadt.

100_Der Tiergarten

Historisches Grün in der Innenstadt

Nicht weit von der größten Verkehrskreuzung Aurichs, dem Pferdemarkt, entfernt trifft man mitten in der Stadt auf ein kleines Wäldchen. Der auch »Eschener Gehölz« genannte Mischwald im Zentrum Aurichs, den ein etwa ein Kilometer langer Schotterweg durchzieht, ist beliebt bei Joggern, Spaziergängern und Hundebesitzern. Eine grüne Oase im bunten Trubel der Ostfriesenmetropole.

Wer jetzt aber bei »Tiergarten« an einen Streichelzoo denkt oder gar ein Tierschutzgebiet vor Augen hat, der irrt gewaltig. Lange Jahre hatten Hirsch, Reh, Fasan und Co. im Eschener Gehölz überhaupt nichts zu lachen. Denn der Tiergarten, heute ein Mini-Naherholungsgebiet für Mensch und Wild, war in seiner ursprünglichen Funktion ein fürstliches Jagdrevier und diente einzig der Belustigung des Adels.

Der ostfriesische Graf Ulrich II. von Cirksena, der von 1628 bis 1648 regierte, hatte den Park anlegen lassen. Der in historischen Schriften als Lebemann bezeichnete Ulrich geriet etwas in Verruf, weil er, anstatt sich um Ostfrieslands Probleme während des Dreißigjährigen Krieges zu kümmern, lieber reichlich Geld für Freizeitbeschäftigungen ausgab. So ließ er nicht nur für sich das Jagdrevier im Eschener Gehölz, sondern auch für seine Frau Juliane einen Lustgarten am Auricher Schloss anlegen. Außerdem errichtet er für sie das Schloss Sandhorst (siehe Ort 87).

Vom ehemaligen Jagdrevier des Adels, das 1803 zu einer »Promenade« umgestaltet wurde, sind nur noch Reste des Walls übrig, der damals das Ausbrechen des Wilds verhindern sollte. Mittlerweile können die Tiere in dem kleinen Wäldchen nahezu ungestört leben. Vögel, Hasen, Eichhörnchen und Dachse tummeln sich im Eschener Gehölz, und sogar das ein oder andere Reh soll hier in den frühen Morgenstunden schon gesichtet worden sein. Heute muss in Aurichs Tiergarten zum Glück keiner mehr Angst vor fürstlichen Jägern haben!

Adresse Im Alleenviertel zwischen den Straßen Am Tiergarten und Eschener Allee | **Öffnungszeiten** jederzeit zugänglich | **Tipp** Wilde Tiere tummeln sich auch hinter dem Carolinenhof. Allerdings als in Bronze gegossene Bären des Bildhauers Friedrich Büschelberger.

101 Der Tjedestein

Das sagenumwobene Steinmal

Tjede war der Sage nach eine wunderschöne Bauerstochter aus dem Örtchen Wiesens, die während des Dreißigjährigen Krieges (1618–1648) von einem feindlichen Soldaten erschossen worden ist. Der Tjedestein soll ihr Grabstein gewesen und an der Stelle aufgestellt worden sein, an der sie damals zu Tode kam. Aber eine noch bedeutend tragischere Version der Ereignisse hält sich hartnäckig: Ebenfalls im Dreißigjährigen Krieg machten angetrunkene Landsknechte nach einer durchzechten Nacht im Wirtshaus von Wiesens Schießübungen. Ein Knecht traf versehentlich Tjede, eine Magd, die gerade von der Feldarbeit zurückkehrte, tödlich. Es heißt, der Schütze habe den Stein selbst mit der Kreuzdarstellung verziert, und diese deute in die Richtung des Fensters, aus dem der Todesschuss fiel. Die gabelähnliche Darstellung auf der Seite des Steins soll dabei, den Überlieferungen zufolge, die Forke symbolisieren, die die unglücksselige Tjede auf ihrem Heimweg mit sich trug. Man erzählt sich, dass der Knecht, der Schuld an Tjedes Tod hatte, bis zu seinem eigenen in Wiesens geblieben sein soll.

Der etwa 50 Zentimeter hohe Granitstein, der auf einem Sockel aus Findlingen steht, befindet sich mitten im Ort Wiesens, einem Stadtteil im Osten Aurichs. Umgeben ist er von einem ebenfalls geschichtsträchtigen Baumbestand, den »Dreizehn Eichen«. Sie wurden zu Ehren der zwölf Teilnehmer des Dorfes am Deutsch-Französischen Krieg (1870–1871) und des ersten deutschen Kaisers Wilhelm I. gepflanzt.

Am wahrscheinlichsten ist es wohl, dass der Tjedestein, der übrigens zu den Baudenkmälern Aurichs zählt, tatsächlich mehr als 1.000 Jahre alt ist und seine Verzierung ein frühchristliches Kreuz symbolisiert. Somit wären beide Sagenvarianten aus dem Dreißigjährigen Krieg vom Tisch. Schade eigentlich. Die Geschichten rund um die arme Tjede und ihren tragischen Tod sind doch viel spannender.

Adresse Dorfplatz Wiesens, Ecke Langfeldweg und Wiesener Straße, 26605 Aurich-Wiesens | **Anfahrt** über die Egelser Straße | **Öffnungszeiten** jederzeit zugänglich | **Tipp** Seit über 130 Jahren gibt es die Gaststätte »Zum Sandkrug« in der Egelser Straße 176. Hier kann auf einer Bundeskegelbahn gekegelt werden.

102_Traute Burgerbar

»Wer will hier Beef?!«

Frisch. Lokal. Lecker. Das Motto der »Traute« in der Marktpassage ist klar. Hier steht die Qualität des Essens im Vordergrund. »Unser Ziel ist, dass die Leute sagen, so hätte ich es zu Hause nicht hingekriegt!«, sagt Rosa Schlingmann. Die gelernte Brauerin führt die Burgerbar zusammen mit Gesa Sanders seit April 2017. Die Jungunternehmerinnen ergänzen sich perfekt: Während Gesa hauptsächlich in der Küche steht und als gelernte Büromanagerin für die Verwaltung zuständig ist, kümmert sich Rosa um den Service und als kreativer Kopf um Events und Deko. Dabei kennen sie sich noch gar nicht so lange. Sie haben sich auf einem von Rosa organisierten Mädchenflohmarkt kennengelernt, und stellten schnell fest, dass sie ähnliche berufliche Ziele hatten. Schon war die Idee für die Burgerbar geboren. Aber wieso »Traute«? Traute ist ein klassischer deutscher Name, der etwas Rustikales suggeriert. So wie auch die Einrichtung des Restaurants, denn die »Traute« soll eben keine Burgerbar im US-Style sein. »Außerdem bedeutet Traute Weiblichkeit, und man kann viele Wortspiele damit machen!«, erzählt Gesa mit einem Augenzwinkern.

Den Schlüssel zum Erfolg sehen die Frauen in dem persönlichen Konzept der Bar. Die zwei stehen selbst im Laden, sie sind die Gesichter von »Traute«. »Das siehst du vom Kissen bis zur Fliese an der Toilettenkante, unsere Handschrift, alles selbst gemacht!«, lacht Rosa. Diese persönliche und authentische Note zieht sich auch und vor allem durchs Essen.

Alles ist hier selbst gemacht, von den Dips bis zu den Röstzwiebeln, und mit viel Liebe zum Detail angerichtet. Neben Burgern wie dem »Ostcheeseland« oder dem »Pulled Pork Burger« bietet »Traute« auch vegetarische und vegane Burger, Salate, Suppen und Nachspeisen an. »Mittlerweile macht fast jeder ein Bild von unserem Essen«, sagt Gesa. Und das ist eins der größten Komplimente für die beiden.

Adresse Marktpassage 11, 26603 Aurich, Tel. 04941/9675896 | Öffnungszeiten Mo–Mi 11.30–22 Uhr, Do–Sa 11.30–ihr nicht mehr abzappelt, So geschlossen | Tipp Auch ein echt abgefahrener Laden, wenn auch ganz anders: Am Ende der Burgstraße taucht man im Hippie-Shop »Monsun« in eine Welt von Räucherstäbchen, Buddhafiguren, Indianerschmuck und Traumfängern ab.

103 Der Upstalsboom

Denkmal der Friesischen Freiheit

Eala frya fresena! Seid gegrüßt, ihr freien Friesen! Nirgendwo in Ostfriesland spürt man den Geist der bewegten Vergangenheit der stolzen Friesen wohl so wie am Upstalsboom im Auricher Stadtteil Rahe. Das Denkmal der Friesischen Freiheit ist historisch von größter Bedeutung. Denn der Ort war im Spätmittelalter des 13. und 14. Jahrhunderts der Versammlungsort der freien Friesen. Hier wurden wichtige Neuigkeiten ausgetauscht und über Verträge und Gesetze verhandelt. Innerhalb Europas hatten die Friesen im Mittelalter tatsächlich ein bedeutendes Alleinstellungsmerkmal: Während nämlich allgemein eine feudale Gesellschaftsstruktur vorherrschte, in der eine kleine Oberschicht aus Klerus und Adel über den Großteil der Bevölkerung herrschte, galt in den Friesischen Landesgemeinden die sogenannte Friesische Freiheit. In den selbstständigen Landesgemeinden, die »Sieben Seelande« genannt, gab es keine Leibeigenen. Regelmäßig am Dienstag nach Pfingsten schickte jede Landesgemeinde ihre Vertreter am sogenannten »Oll' Mai« zum Upstalsboom. Der Name Upstalsboom ist übrigens – eher unspektakulär – eine mittelalterliche Bezeichnung für einen Holzpfahl, der in die Erde gerammt wurde, um einen Versammlungsort zu markieren.

Archäologische Funde beweisen, dass der historische Ort schon vor der Friesischen Freiheit eine wichtige Funktion hatte. Tongefäße aus dem Rheinland, ein aufwendig verziertes Schwert, Schüsseln, Glasperlen und eine Gürtelschnalle aus dem 8. und 9. Jahrhundert zeigen, dass der Upstalsboom zu dieser Zeit die Grabstätte einer sozial hochrangigen und sehr einflussreichen Familie gewesen sein muss. Die Funde sind im Historischen Museum in Aurich ausgestellt.

Die Allee und der Steinhügel zur Erinnerung an den Versammlungsort der Freien Friesen wurden 1833 angelegt. Ein Teil der verwendeten Steine stammt aus dem Fundament der Lambertikirche.

Adresse Zur Thingstätte 1, 26605 Aurich-Rahe | Anfahrt über Oldersumer Straße und Haxtum | Öffnungszeiten jederzeit zugänglich | Tipp Hunger auf Tradition? Im Nachbarort Ihlow/Fahne bietet »Die Ostfriesische Räucherei« seit 1871 leckere Fischspezialitäten an.

104__Das Urwaldkrankenhaus

Vom Notbehelf zum Sanatorium

Bis Januar 1969 stand das Auricher Krankenhaus mitten im Wald von Sandhorst. Dieser außergewöhnlichen Lage hat es den Namen Urwaldkrankenhaus zu verdanken. Dabei war der idyllische Standort aus reiner Not heraus entstanden: Als im Zweiten Weltkrieg 1942 die ersten Bomben auf Deutschland fielen, wurde das eigentlich für Emden geplante Krankenhaus nur in Aurich erbaut, weil in der Seehafenstadt verstärkt mit Bombenangriffen der Alliierten zu rechnen war. Es bestand aus mehreren etwa 100 Meter langen Holzbaracken.

Was nur als Notbehelf geplant war, entwickelte sich nach dem Krieg aufgrund der tollen Lage und der modernsten medizinischen Ausstattung zum beliebtestem Krankenhaus Ostfrieslands. Mit den Jahren wurde die Instandhaltung der Baracken allerdings immer unwirtschaftlicher, sodass die Stadt sich für einen Neubau entschied. Die Auricher waren regelrecht entsetzt, als sie 1969 vor dem neuen Krankenhaus standen, einem schmucklosen Zweckbau an der Wallinghauser Straße.

Was heute im Sandhorster Wald vom so beliebten Urwaldkrankenhaus übrig geblieben ist, sind die Reste der Schutzbunker aus dem Krieg. Diese sind vollständig erhalten, können aber nur von außen besichtigt werden, weil sie mittlerweile das Zuhause von Fledermäusen geworden sind. Außerdem gibt es noch das ehemalige Schwesternwohnheim von 1959, das eines der wenigen Gebäude aus Stein war.

Wer detaillierte Infos zum Waldkrankenhaus und zum Sandhorster Forst haben möchte, sollte sich der Wandergruppe des »Freundeskreises zum Erhalt des Sandhorster Waldes« anschließen. Diese ist jeden Sonntag um 11 Uhr ab Parkplatz am Südeweg unterwegs. Die etwa zweistündigen Führungen umfassen Naturthemen, aber auch geschichtliche und naturwissenschaftliche Inhalte. So geht's zum Beispiel um Heil- und Küchenpflanzen, Reh- und Damwild, das Thema Waldbrand und den Baumbestand, die Dünen der Eiszeit und die Waldseen.

Adresse Aurich-Sandhorst Die Bunkerreste sind vom Südeweg aus im Wald zu sehen | **Anfahrt** über die Esenser Straße | **Öffnungszeiten** von außen zu besichtigen | **Tipp** Das ehemalige Schwesternwohnheim steht noch. Es ist heute Sitz des Landwirtschaftlichen Hauptvereins im Südeweg 2.

105_Die Villa Dunkmann

Repräsentantin gediegener Architektur

Eines der meistfotografierten Häuser in Aurich ist das ehemalige Verlagshaus Dunkmann in der Kirchstraße. Im Jahr 1901 im Jugendstil erbaut, beherbergte das Gebäude im vorderen Teil die Wohnung der Familie Dunkmann und im hinteren Teil die Druckerei sowie die anderen Produktionsräume der »Ostfriesischen Nachrichten«. Im Jahr 1988 wurde das Haus aufwendig saniert und bis 2012 weiterhin als Wohnhaus genutzt. Die Möbel und Kunstgegenstände aus der Gründerzeit um 1870 sind nach wie vor in den repräsentativen Verlagsräumen erhalten geblieben.

Erbaut wurde das Haus während des überaus erfolgreichen verlegerischen Wirkens von Adolf Heinrich Dunkmann, in dessen Ägide die Auflage stark anstieg. Er war der zweite Sohn des Buchdruckers Adolf Hermann Friedrich Dunkmann, der sich 1861 selbstständig gemacht hatte.

Der junge Adolf Heinrich Dunkmann war zunächst eher ein Freund schöngeistiger Literatur. Er ging nach Berlin, wo er mit bedeutenden Autoren in Verbindung kam. In dieser Zeit hörte er auch Vorlesungen an der Universität und nahm Kontakt zu literarischen Zirkeln auf. Schweren Herzens gab er das Leben in Berlin 1886 auf, um nach seinem Militärdienst auf Drängen des Vaters offiziell in den Verlag einzutreten. Am 1. Januar 1895 schließlich übernahm Adolf Heinrich Dunkmann die Leitung des Unternehmens. Damit begann endgültig die Erfolgsstory des Dunkmann'schen Verlags. Der Junior baute die Firma deutlich aus. Besonders erweiterte er das Buchprogramm. Damit begannen auch die ersten wissenschaftlichen Reihen über die Region Aurich.

Im März 1918 starb Adolf Heinrich Dunkmann. Verlag und Zeitung gibt es heute noch, wenn auch unter dem Dach der Zeitungsgruppe Ostfriesland. Die von Adolf Heinrich Dunkmann erbaute Jugendstilvilla hat allen großen und kleinen Stürmen wacker standgehalten und schmückt weiterhin mit Stolz das Auricher Stadtbild.

Adresse Kirchstraße 8, 26603 Aurich | **Öffnungszeiten** Das Gebäude kann von außen besichtigt werden. | **Tipp** Die Stadtbibliothek in der Hafenstraße 7 ist nicht nur in einem beeindruckenden historischen Gebäude untergebracht, sie hält auch über 40.000 Bücher, CDs, DVDs und andere Medien bereit.

106 Dat Wallinghus

Wahrzeichen eines fidelen Stadtteils

Wallinghausen ist eines der ausgesprochen beliebten und über die Jahrzehnte gewachsenen Wohngebiete in Aurich. Mit 3.300 ist die Einwohnerzahl deshalb auch vergleichsweise hoch. Zahlreiche Wallinghausener wohnen im Ortskern. Die eher ländliche Prägung des Dorfes scheint sich früher ebenfalls auf den Ortsmittelpunkt erstreckt zu haben. Ein klarer Beweis dafür liefert »Dat Wallinghus«, der große Gulfhof an der Bürgermeister-Gerhard-Janssen-Straße. Es stammt aus Jahr 1798 und ist ein typischer ostfriesischer Gulfhof, das heißt: ein Bauernhof, der in Ständerbauweise errichtet wurde. Nach wie vor prägt der schmucke Gebäudekomplex das Dorfbild, weshalb es längst zu etwas wie zu einem kleinen Wahrzeichen geworden ist.

Bei einem Gulf handelt es sich übrigens um das Scheunenbeziehungsweise Vorratsgebäude eines Bauernhofs. Die rechteckige Konstruktion besteht aus mindestens vier Ständern, die das hervorstehende Walmdach tragen. Der Gulfhof Wallinghausen hat über die vielen Jahre seiner Existenz die landwirtschaftliche Funktion derweil längst verloren. In den 1970er Jahren sollte das Gebäudeensemble sogar schon einmal abgerissen werden, damit die Straßenführung im Dorf hätte verändert werden können. Außerdem hatte die Kommune das Anlegen neuer Parkflächen geplant. Allerdings gab es dagegen erheblichen Widerstand, und aus den ursprünglich gefassten Plänen wurde nichts.

Denn nach lebhaften Diskussionen entschlossen sich die Wallinghausener am Ende, ihren berühmten Gulfhof zu restaurieren und damit für die folgenden Generationen zu erhalten. So wurde »Dat Wallinghus« zwischen 1983 und 1986 gründlich restauriert und feierlich wieder eingeweiht. Heute dient es als allseits bekannte Begegnungsstätte, unter anderem für ostfriesische Volkstanzgruppen, den heimischen Theaterverein, also für die Spöldeel Wallinghausen, und sporttreibende Gruppen.

Adresse Bürgermeister-Gerhard-Janssen-Straße 1, 26605 Aurich | **Anfahrt** über Fockenbollwerkstraße und Wallinghausener Straße | **Tipp** Wer eine Auszeit vom stressigen Alltag sucht, der ist in der knapp zwei Kilometer entfernten »Yogalounge« genau richtig. In verschiedenen Kursen und Workshops werden die fernöstlichen Entspannungstechniken vermittelt. Infos unter www.die-yogalounge.de.

107_Der Wasserturm

Gebäudekomplex mit künstlerischer Vergangenheit

Alles im Fluss? In Sachen Wasserturm nicht mehr im ursprünglichen Sinne. Denn: Das hoch aufragende Bauwerk und die umliegenden und dazu gehörigen Gebäude werden seit den 1970er Jahren nicht mehr als Wasserwerk genutzt. Die Zeiten ändern sich eben. Was auf jeden Fall geblieben ist, ist ein echter Hingucker und ein interessanter Blick in die Vergangenheit.

Von Beginn des 19. Jahrhunderts an diente das Werk zur Wasserversorgung der Menschen in der Stadt Aurich. Das Maschinenhaus des Wasserwerks wurde 1911 errichtet, nachdem bereits ein Jahr zuvor der 42 Meter hohe Wasserturm und das Wohnhaus gebaut worden war. Beim weithin sichtbaren Turm handelt es sich um einen fünfgeschossigen Rohziegelbau. Der Grundriss ist kreisförmig. Seit etlichen Jahren steht das gesamte Gebäudeensemble unter Denkmalschutz. Es befindet sich in privaten Händen.

Viele Jahre diente die Anlage als ein wahres Eldorado für Künstler. Der Bildhauer Reinhard de Witt war glücklich, Teile des alten Wasserwerks zu besitzen: neben dem alten Wasserturmwärterhaus auch drei große und nach der Aufgabe des Werks ungenutzte Wassertanks. Die vier Meter im Erdreich liegenden Tanks boten dem Künstler vielfältige Nutzungsmöglichkeiten: In einem der Tanks zum Beispiel befanden sich Atelier und Werkstatt de Witts. Zahlreiche Ausstellungen fanden statt, außerdem Lesungen für Erwachsene und Kinder. »Durch die Möglichkeit, den runden Tank komplett zu verdunkeln, bot er wunderbare Möglichkeiten, mit Lichtobjekten zu arbeiten. Das Experimentieren mit Glasbruchsteinen und Licht begeisterte uns immer wieder«, schwärmte de Witt. Und alle Besucher gaben ihm recht.

Die Tanks hatten es aber auch Musikliebhabern angetan. Sie waren durch die Bank von der Akustik der Tanks fasziniert. Wegen der runden Form und der Deckenhöhe von insgesamt sechs Metern erinnerte der Klang an eine Kathedrale oder an eine Felsenhöhle.

Adresse Wasserwerksweg 16, 26603 Aurich | **Öffnungszeiten** von außen zu besichtigen | **Tipp** Hier sprudelt und fließt es noch: Die Wasserspiele vor dem Rathaus sind vor allem bei Kindern im Sommer beliebt.

108_ Weinschmecker

Ein Edel-Portwein in der Alten Kantorei

Wenn dieser Colheita erzählen könnte! Ihm fiele sicher eine Menge ein: über seine Entstehung im Jahr 1937, über seine Reise nach Deutschland, über seine Lagerung während des Krieges und danach. Gewiss ist nur das eine: Beim Colheita Niepoort Vinhos 1937 handelt es sich um einen edlen Portwein, der immer noch unter den Ungetrunkenen weilt und seine – vielleicht letzte? – Lagerstätte im Auricher Feinkosttempel »Weinschmecker« gefunden hat.

Bei einem Colheita handelt es sich um einen hellen Portwein, einen sogenannten Tawny. Von der Herkunft des Wortes aus gesehen ist Colheita der portugiesische Begriff für Ernte. Frühestens nach siebenjähriger Lagerung werden Weine dieser Art abgefüllt. Manchmal liegen sogar mehrere Jahrzehnte zwischen Ernte und Abfüllung. Während dieser Zeit reift ein guter Colheita Port geruhsam im Holzfass.

Seit mehr als zehn Jahren schlummert die Flasche aus dem Jahr 1937 nun gemütlich im Klimaschrank von Sina Meisner. Die Chefin des Auricher »Weinschmecker« fragt sich heute noch, wie ihr Port-Schätzchen den Weg nach Ostfriesland gefunden hat. Dass sie ihn bekam, war reiner Zufall. Irgendwann stand ein Mann im Laden, der von einer Haushaltsauflösung kam, und der ihr diese Flasche und einiges andere mehr anbot. »Er hatte ein Köfferchen mit mehreren Sachen dabei. Da habe ich mal richtig hingeguckt«, erzählt Sina Meisner. Seitdem wird der stolze Portugiese im »Weinschmecker« gehegt und gepflegt.

Der Wein- und Feinkostladen von Sina Meisner befindet sich übrigens in der Alten Kantorei. Diese wurde zwischen 1828 und 1830 erbaut, damit die Kantoren Räume zum Musizieren hatten. Mittlerweile dient die Alte Kantorei auch als Hotel.

Und der Colheita? Ob er auf ewig ungetrunken bleibt? Da ist Sina Meisner sich nicht sicher: »Ich habe einmal gesagt, dass wir ihn trinken. Aber ich kann mich einfach nicht entschließen.«

Adresse Kirchstraße 5, 26603 Aurich | Öffnungszeiten Mo–Fr 9.30–18 Uhr, Sa 9.30–14 Uhr | Tipp Am Haus in der Burgstraße 42 direkt um die Ecke erinnert eine Gedenktafel an den 1775 hier geborenen Arzt und Pharmakologen Johann Friedrich Christian Düffer.

109_Zur Börse

Das Gasthaus mit dem historischen Gemäuer

Sie ist unverwechselbar und auf besondere Art historisch. Und es gibt wohl keinen einzigen Auricher, der nicht weiß, was »Die Börse« ist und wo sie sich befindet. Und das hat zwei Gründe. Erstens: Das Gasthaus »Zur Börse« vereinigt die Gastro-Elemente Restaurant und Kneipe perfekt. Zweitens: Die Börse hat eine Geschichte, die noch heute deutlich sichtbar ist, innen wie außen.

Die »Börse« befindet direkt an den alten Wallanlagen in der Burgstraße. Hier erhob sich seinerzeit die Burg, die nicht nur die Geschichte Aurichs, sondern auch die Ostfrieslands prägte. Die Gaststätte selbst wurde am 6. Juli 1901 von Bäcker Albert Schmittpott gegründet.

Dies dokumentiert heute noch das Gedenkblatt neben der Theke. Nach dessen Tod standen hier die drei unverheirateten Schwestern Schmittpott hinter dem Tresen. Viele alte Auricher können sich heute noch lebhaft an sie erinnern.

Im Mittelalter war auf dem Grundstück zunächst ein Holzhaus errichtet worden, das jedoch im Jahr 1514 – wie überhaupt ein Großteil der Stadt – dem großen Brand zum Opfer fiel. Danach wurde mit Backstein gebaut. Man vermutet, dass die steinernen Giebelteile des Hauses noch aus dieser Zeit stammen. Der erste nachweisliche Beleg über die Existenz des Hauses findet sich allerdings erst im Jahr 1752, und zwar in einem Hypothekenbuch der Stadt Aurich. 1777 erwarb Harm Friedrich Ecken das Haus und gründete eine Bäckerei. An dessen Todestag erinnert noch die Giebelschrift. Später zog eine Metzgerei ein, bis die Schmittpotts zum Zuge kamen und es in eine Gaststätte umfunktionierten.

Und wer sich die Börse einmal ansehen möchte, der kann bei schönem Wetter auch den heimeligen Biergarten am Wall besuchen und nicht nur das historische Gebäude betrachten, sondern auch die hübsche Umgebung genießen; dazu gibt es frischen Fisch direkt vom Kutter sowie regionale und saisonale Küche.

Adresse Burgstraße 50, 26603 Aurich | **Öffnungszeiten** Di–Fr 11–23 Uhr, Sa 10–23 Uhr, So und Mo geschlossen | **Tipp** In der Börsenwelt gilt der Bulle als Symbol für den Aufschwung. In der Burgstraße, ehemals vor der Deutschen Bank, steht die lebensgroße Steinskulptur eines Bullen des Bildhauers Michael Weihe.

110 Zur Ewigen Lampe

Die älteste Kneipe Ostfrieslands

Sagenumwoben, der Tradition verpflichtet und doch immer jung geblieben. Das ist das sympathische Markenzeichen der Gaststätte »Zur ewigen Lampe«. Sie ist nicht nur die älteste Kneipe Aurichs, sondern gleichzeitig eine der traditionsreichsten in ganz Deutschland. Das kultige Raucherlokal im Herzen der Ostfrieslandmetropole wurde 1880 als Schankwirtschaft erstmals erwähnt. Damals war sie eine echte Hafenkneipe, schließlich befand sich der alte Auricher Hafen nur einen Steinwurf von hier entfernt. Dort gingen die Lichter allerdings 1930 aus, als das Becken zugeschüttet wurde (siehe Ort 66).

Seit 1950 trägt die Kneipe nun den Namen »Zur ewigen Lampe«. Nicht nur unter den Einheimischen befinden sich zahlreiche Stammgäste, auch Urlauber kehren immer wieder gern ein; und das nicht nur einmal. Übrigens: Wer Klavier, Gitarre oder Akkordeon spielen kann, darf gern loslegen. So manch eine rauchige Nacht wurde und wird so immer mal wieder auf unvergessliche Weise verlängert; wie gut, dass die Lampe hier im wahrsten Sinne des Wortes immer brennt.

Das Haus in der Hafenstraße wurde im Übrigen bereits 1391 errichtet, um als Gericht zu dienen. Im Keller befand sich direkt unter der Upkamer die Gefängniszelle. Um das Gebäude ranken sich teils abenteuerliche Geschichten. So soll Ende des 13. Jahrhunderts der Häuptling Folkmar Alena die Burg von Ritter Ocko belagert und ihn zu einer »Unterredung« in das jetzige Kneipengebäude gebeten haben. Das Ergebnis ist niederschmetternd: Die Verhandlung verlief ergebnislos, Ocko zog den Kürzeren und wurde vor dem Gebäude erschlagen.

Heute geht es in der Ewigen Lampe friedlich zu. Kurzweilige Gespräche, gute Laune und immer wieder flotte und gediegene Livemusik. So wie früher mit dem berühmten Auricher Shanty-Chor, der hier sang und probte und dessen Name untrennbar mit der ältesten Gaststätte Aurichs verbunden ist.

Adresse Hafenstraße 1, 26603 Aurich | **Öffnungszeiten** Mo–Sa 10.30–14 Uhr und ab 18 Uhr, So 10.30–14 Uhr | **Tipp** Von der ältesten Kneipe Aurichs in die älteste Pizzeria der Stadt: Das »Michelangelo« in der Burgstraße 48 serviert klassische italienische Speisen.

111 Zwischenraum

Vom Leerraum zum Kunstraum

Wenn das nicht mal ein tolles Projekt ist! Kreativen Menschen eine Plattform geben, die ostfriesische Kunstszene bereichern und damit das Stadtbild der Auricher Fußgängerzone beleben. Das sind die Ziele des Kunstprojekts Zwischenraum, und das Konzept geht voll auf.

Im Herbst 2018 hat der Verein »Zwischenraum – temporärer Kunstraum« aus einer leer stehenden Ladenfläche in der Osterstraße 31 eine Galerie gemacht. Seitdem haben hier Künstler aller Genres die Möglichkeit, ihre Werke der breiten Öffentlichkeit zu präsentieren, wobei besonders noch nicht etablierte Kunstschaffende eine Chance bekommen. Und der Laden läuft. Der Zwischenraum hat bereits mehrere Ausstellungen mit hohem Besucheraufkommen zu verzeichnen, und wegen der großen Nachfrage von interessierten Künstlern gibt es eine Warteliste. Die Initiatoren vom Zwischenraum setzen auf eine große künstlerische Bandbreite: In den Ausstellungen sind bis zu 30 verschiedene Künstler vertreten, die ihre Skulpturen, Malereien, Textilkunst, Graffiti und Keramik präsentieren. Begleitend dazu bietet der Verein Tanz- und Musikvorführungen, Lesungen, Workshops, Konzerte und experimentelle Aktionen an.

Die Idee zum Projekt entstand in einer Sitzung des Sanierungsausschusses zum Thema Leerstand in der Fußgängerzone. Das Aussterben eines Straßenabschnittes sollte verhindert werden. Und, gibt es einen Zwischenraum-Effekt? Ja, die Galerie sorgt tatsächlich für mehr Passanten in der Osterstraße und zieht damit auch potenzielle Kunden für die umliegenden Geschäfte an.

Aber warum »temporärer Kunstraum«? Weil das Gebäude, das der Stadt Aurich gehört, auf Dauer wieder als Geschäftsraum genutzt werden soll. Das Kunstprojekt Zwischenraum ist also an diesem Ort ein kreativer Zwischenmieter. Aber selbst, wenn über kurz oder lang der Auszug droht: Dieses belebende Projekt geht ganz sicher an anderer Stelle weiter.

Adresse Osterstraße 28–30, 26603 Aurich | **Öffnungszeiten** Di, Fr, Sa 11–18 Uhr | **Tipp** Gar nicht temporär, sondern schon seit Jahrzehnten am Platz: Die Bäckerei Meyer bietet keine 100 Meter entfernt in ihrem gemütlichen Café eine große Auswahl an leckeren Backwaren an.

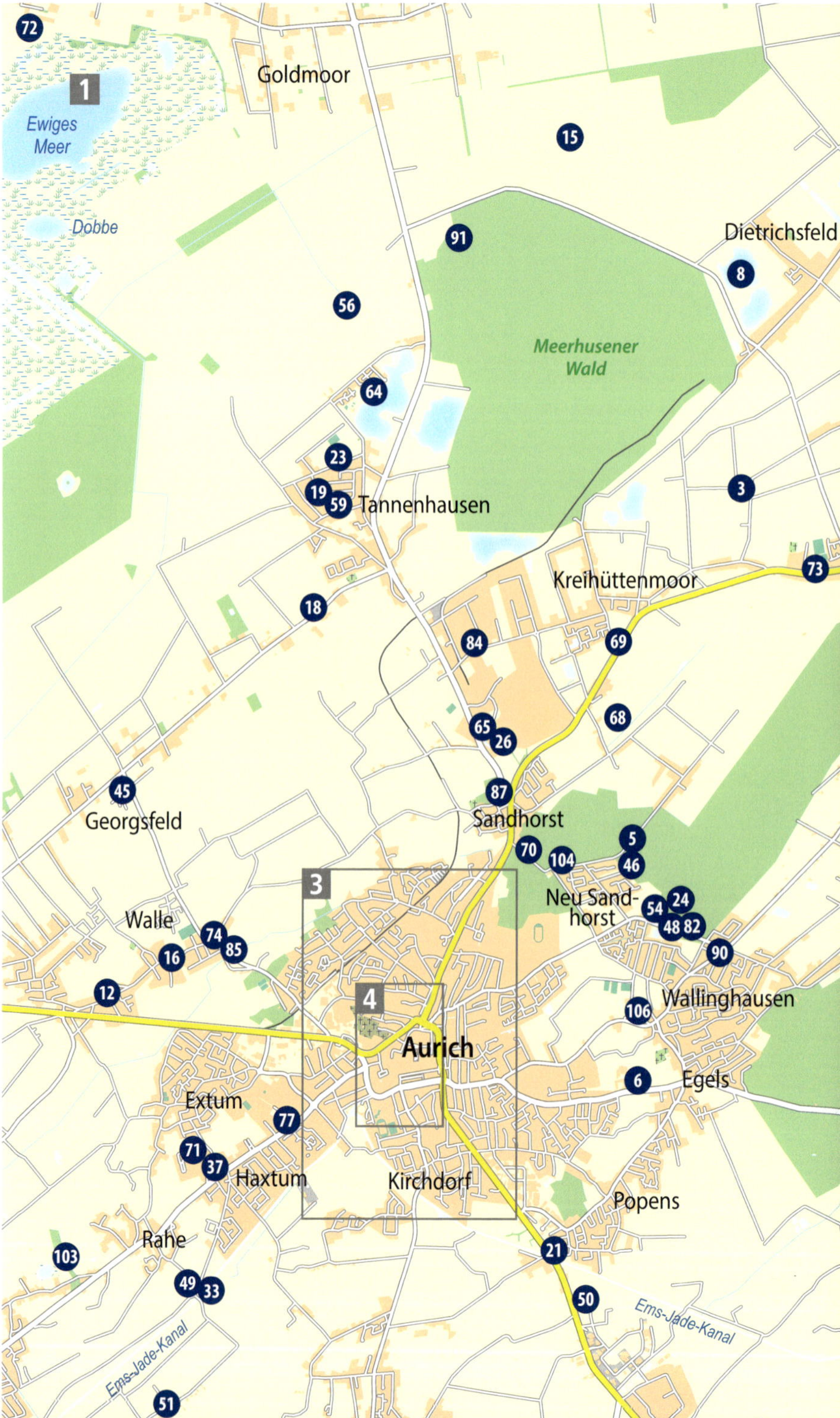

72
1
Ewiges Meer
Dobbe
Goldmoor
15
91
Dietrichsfeld
8
56
Meerhusener Wald
64
23
19
59
Tannenhausen
3
73
Kreihüttenmoor
18
84
69
68
65
26
45
Georgsfeld
87
Sandhorst
5
70
104
46
3
Neu Sand-horst
54
24
48
82
Walle
74
85
16
90
12
4
106
Wallinghausen
Aurich
6
Egels
Extum
77
71
37
Haxtum
Kirchdorf
Popens
Rahe
103
21
49
33
50
Ems-Jade-Kanal
Ems-Jade-Kanal
51

Ogenbargen
2
2
Middels-Osterloog
9
Middels-
Westerloog
31
96
Spekendorf
Plaggenburg
Pfalzdorf
62
67
11
Brockzetel
Sandkrug
Osterfeld
29
Ems-Jade-Kanal
101
40
Wiesens
Akelsbarg
N
0
500 m

3
4
Am Tiergarten
Schulstraße
Esenser Straße
55
47
14
100
Skagerrakstraße
107
Wasserwerksweg
17
Jahnstraße
Lützowallee
Eickebuscher Weg
Ligusterweg
Bahnhof
76
Wagenweg
Blücherstraße
39
89
Hoheberger Weg
Breiter Weg
86
Wallster Weg
58
83
41
Emder Straße
93
32
43
35
Von-Jhering-Straße
Große Mühlenwallstraße
Aurich
Extumer Weg
Burgstraße
Julianenburger Straße
95
Oldersumer Straße
Georgswall
Schlosspark
Fischteichweg
7
Fockenbollwerkstraße
Stadt-
hafen
13
80
98
Grüner Weg
Glupe
Leerer Landstraße
30
25
Westgaster Weg
Kirchdorfer Straße
Popenser Straße
Kreuzstraße
79
Ems-Jade-Kanal
Kirchdorf
N
0
200 m

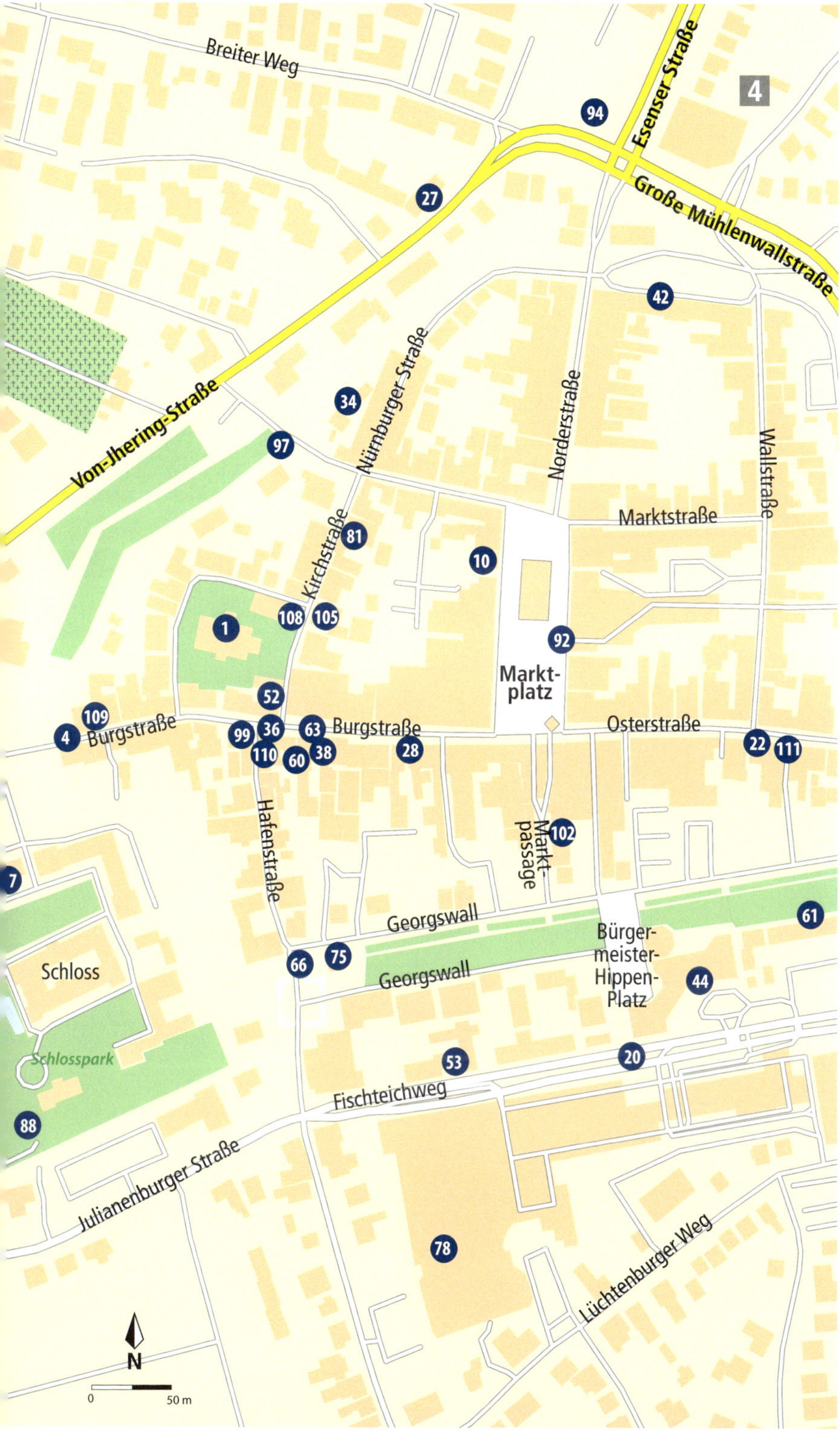
4
Breiter Weg
Esenser Straße
Große Mühlenwallstraße
Von-Jhering-Straße
Nürnburger Straße
Norderstraße
Wallstraße
Marktstraße
Kirchstraße
Markt-
platz
Burgstraße
Burgstraße
Osterstraße
Hafenstraße
Markt-
passage
Georgswall
Georgswall
Bürger-
meister-
Hippen-
Platz
Schloss
Schlosspark
Fischteichweg
Julianenburger Straße
Lüchtenburger Weg
N
0
50 m
94
27
42
34
97
81
10
1
108
105
92
52
109
4
99
36
63
110
60
38
28
22
111
102
7
61
66
75
44
53
20
88
78

Manfred Reuter, Lena Reuter
111 Orte auf Norderney, die man gesehen haben muss
ISBN 978-3-7408-0130-4

Bernd Flessner
111 Orte auf Juist, die man gesehen haben muss
ISBN 978-3-7408-0548-7

Dorothee Fleischmann, Carolina Kalvelage
111 Orte im Weserbergland, die man gesehen haben muss
ISBN 978-3-7408-0341-4

Christine Izeki, Gerald Roemer
111 Orte im Wendland, die man gesehen haben muss
ISBN 978-3-7408-0352-0

Ingo Stock
111 Orte auf Spiekeroog, die man gesehen haben muss
ISBN 978-3-7408-0339-1

Jacek Auerbach
111 Orte in Oldenburg, die man gesehen haben muss
ISBN 978-3-7408-0249-3

Jochen Reiss
111 Orte in und um Göttingen, die man gesehen haben muss
ISBN 978-3-7408-0730-6

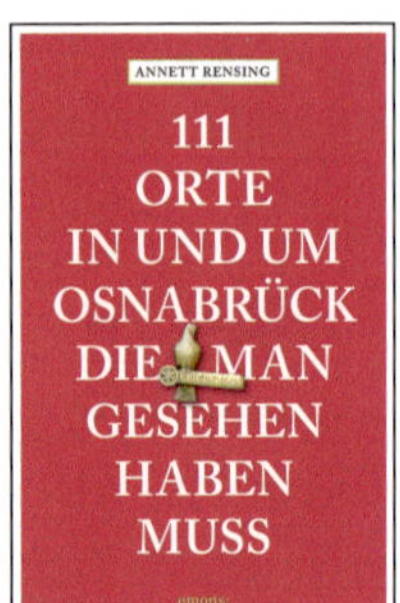

Annett Rensing
111 Orte in Osnabrück, die man gesehen haben muss
ISBN 978-3-7408-0239-4

Norbert Ney, Sonja Bergot
111 Orte in Ostfriesland, die man gesehen haben muss
ISBN 978-3-95451-828-9

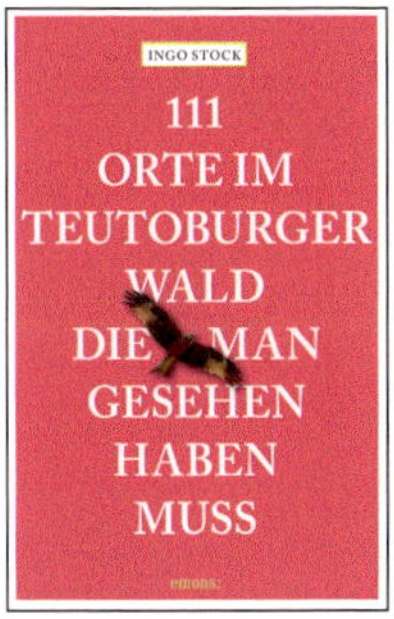

Ingo Stock
111 Orte im Teutoburger Wald, die man gesehen haben muss
ISBN 978-3-95451-859-3

Alexandra Schlennstedt, Jobst Schlennstedt
111 Orte in der Lüneburger Heide, die man gesehen haben muss
ISBN 978-3-95451-844-9

Cornelia Kuhnert, Günter Krüger
111 Orte rund um Hannover, die man gesehen haben muss
ISBN 978-3-95451-707-7

Axel Klingenberg, Thomas Hackenberg
111 Orte im Braunschweiger Land, die man gesehen haben muss
ISBN 978-3-95451-671-1

Cornelia Kuhnert, Günter Krüger
111 Orte in Hannover, die man gesehen haben muss
ISBN 978-3-95451-086-3

Bernd F. Gruschwitz
111 Orte in Bremen, die man gesehen haben muss
ISBN 978-3-95451-210-2

Sina Beerwald
22 Touren auf Sylt, die man gemacht haben muss
ISBN 978-3-7408-0734-4

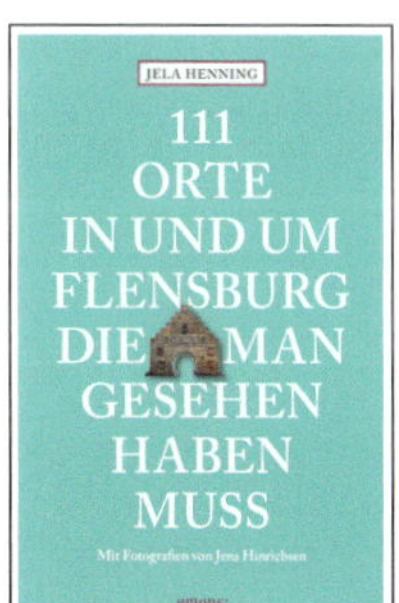

Jela Henning, Jens Hinrichsen
111 Orte in und um Flensburg, die man gesehen haben muss
ISBN 978-3-7408-0241-7

Jochen Reiss
111 Orte in Kiel, die man gesehen haben muss
ISBN 978-3-95451-705-3

Jochen Reiss
111 Orte in Nordfriesland, die man gesehen haben muss
ISBN 978-3-95451-627-8

Vito von Eichborn
111 Orte zwischen Lübeck und Kiel, die man gesehen haben muss
ISBN 978-3-95451-339-0

Jana Jürß
111 Orte an der Mecklenburgischen Seenplatte, die man gesehen haben muss
ISBN 978-3-95451-536-3

Alexandra Schlennstedt, Jobst Schlennstedt
111 Orte in Lübeck, die man gesehen haben muss
ISBN 978-3-95451-564-6

Sina Beerwald
111 Orte auf Sylt, die man gesehen haben muss
ISBN 978-3-95451-511-0

Alexandra Schlennstedt, Jobst Schlennstedt
111 Orte an der Ostseeküste, die man gesehen haben muss
ISBN 978-3-89705-824-8

Stefanie Sohr, Volko Lienhardt
111 Orte auf St. Pauli, die man gesehen haben muss
ISBN 978-3-7408-0685-9

Jochen Reiss
111 Orte rund um Hamburg, die man gesehen haben muss
ISBN 978-3-7408-0564-7

Rike Wolf
111 Orte in Hamburg, die uns Geschichte erzählen
ISBN 978-3-95451-418-2